AF389901

LYON, IMPRIMERIE DE PÉLAGAUD, LESNE ET CROZET.

FRAGMENT

D'UNE

HISTOIRE DE L'IMPIÉTÉ,

ET

RÉFUTATION DU SYSTÈME RELIGIEUX

De Benjamin Constant.

OUVRAGE TRADUIT DE L'ITALIEN

Par M. Ch. * * *

LYON,

PÉLAGAUD, LESNE ET CROZET, IMP.-LIBR.,

Successeurs de RUSAND,

Grande rue Mercière, 26.

1837.

Préface du Traducteur.

Pourquoi publier une réfutation de Benjamin Constant? pourquoi troubler la cendre de cet écrivain? Ses systèmes ne sont-ils pas descendus avec lui dans la tombe? Il me semble qu'à la vue de cet opuscule tout le monde va m'adresser ces questions : c'est donc pour moi un devoir d'y répondre.

1° L'excellente dissertation de M. l'abbé Rosmini n'est point une réfutation pure et simple du système impie de Benjamin Constant; elle renferme des vues générales sur tous les systèmes d'impiété, et ces vues sont tout à la fois justes, profondes et du plus haut intérêt.

2° Il n'est point vrai que la doctrine impie de Benjamin Constant ait totalement disparu en France ; cette doctrine n'est autre chose que le système du progrès appliqué à la religion : or on sait qu'un professeur fameux est largement rétribué pour enseigner ces coupables extravagances. Chez un peuple qui serait dans l'état normal et qui possèderait les éléments de la sagesse, pareil sophiste serait envoyé aux petites-maisons ; mais à Paris, au *siècle des lumières*, une jeunesse nombreuse le couvre d'applaudissements ! Il y a plus : on sait que des écrivains célèbres, qui doivent toute leur gloire aux pages brillantes qu'ils écrivirent d'abord en faveur de la religion, se traînent aujourd'hui dans le scepticisme du *progrès*.

3° Benjamin Constant a joué naguère un assez grand rôle, et comme homme politique, et comme écrivain ; un parti fort nombreux en a presque fait un génie : il importe donc à la gloire de la religion de prouver que ce nouveau dieu du philosophisme a mérité qu'on lui élevât des autels. . . . . . à Charenton. C'est ce

qu'on verra jusqu'à l'évidence dans la discussion lumineuse et profonde du philosophe
italien.

4° Benjamin Constant, dans son ouvrage sur
la religion, a eu l'air de viser à l'originalité ;
il s'est donné hardiment comme l'inventeur
d'un système : beaucoup de lecteurs sans doute
l'ont cru sur parole. Or, M. l'abbé Rosmini
leur apprendra qu'il n'a point ici la gloire de
l'invention, et qu'il n'a fait que transporter
en France les opinions absurdes des rêveurs
allemands.

Je ne crois pouvoir mieux terminer cette
Préface qu'en mettant sous les yeux du lecteur
un bel éloge de mon illustre auteur, éloge
d'autant plus remarquable qu'il se trouve dans
un journal qui est loin d'être suspect de par-
tialité en faveur du clergé (*Le Temps*, N° du
5 décembre 1835). « Le plus grand écrivain
« de cette belle contrée est l'abbé Rosmini,
« qui répand d'un bout à l'autre de l'Italie les
« lumières de son intelligence. Le livre qui a

« mis le sceau à sa réputation est l'*Essai sur*
« *l'origine des idées*. . . . Son ouvrage annonce
« un savoir profond ; et, quoiqu'il se compose
« de quatre gros volumes, il mérite de trouver
« place dans toutes les bibliothèques. Il
« examine le point de départ de la philosophie
« de Descartes , de Locke, de Fichte , de
« Schelling , Cousin ; et se montre partout
« savant profond , mais aussi prêtre et catho-
« lique : il le déclare dans sa Préface, et la
« religion est la muse qui l'inspire. . . . »

PRÉFACE DE L'AUTEUR.

La société est aujourd'hui malade , grave-
ment malade ; personne n'en doute. La diversité des opinions commence quand il s'agit
de définir l'espèce de maladie qui l'afflige , et
d'assigner les remèdes qu'il faut lui adminis-
trer. Et c'est cette différence de sentiments ,
cette incertitude et cette hésitation de ceux qui
président à la cure d'une malade si intéres-
sante , qui jette ses amis dans le doute et
l'anxiété sur l'issue de la maladie.

Cet opuscule réfute les erreurs de Benjamin
Constant sur la religion ; mais il a un but
plus général, il recherche le caractère de cette
maladie qui travaille l'humanité et lui fait
souffrir des douleurs si profondes ; il cherche
à réduire à un seul et même principe les
symptômes si nombreux, si étranges, si
contradictoires et si perfides qui mettent au
désespoir la science des docteurs, et qui font
mentir les aphorismes les plus célèbres. La
cause de la maladie une fois connue, il
est facile de connaître le remède qui lui
convient.

Quoiqu'il semble par-là que l'auteur ait
l'intention de présenter dans ce Livre une *con-
sultation médicale*, toutefois il sait parfaitement qu'il n'est point un docteur, mais un
ami de la maison. Or qui ignore que les amis

ont toujours quelque remède à proposer à celui qu'ils aiment et qu'ils voient souffrir ?

Il fait des vœux ardents pour que Dieu, dans sa colère, n'aveugle pas ceux qui sont destinés à faire l'office de médecins du genre humain : sa fureur n'est jamais plus grande que lorsqu'il punit le monde par de semblables ténèbres.

FRAGMENT

D'UNE

HISTOIRE DE L'IMPIÉTÉ,

ET

RÉFUTATION DU SYSTÈME RELIGIEUX

DE BENJAMIN CONSTANT.

PLEIN de reconnaissance pour l'honneur que vous m'avez fait, je vais, Messieurs (1), obéir à vos ordres, et vous entretenir quelques moments de l'ouvrage dans lequel Benjamin Constant prétend démontrer (2) « Que le sentiment religieux, « naturel à l'homme, est le principe de toutes les « religions, qui, à ses yeux, ne sont autre chose « que des manifestations de ce sentiment. Car ce

(1) Cette Dissertation a été lue en présence de l'Académie romaine de la religion catholique, au mois de juillet 1829.

(2) L'ouvrage dont il est ici question est intitulé : *De la Religion considérée dans sa source, dans ses formes et ses développements.*

1

« sentiment cherche à se manifester, et toutefois
« il ne parvient jamais à s'exprimer complète-
« ment ; parmi les formes extérieures qu'il trouve,
« il n'en est aucune qui lui corresponde parfai-
« tement ; et il y reste toujours quelque chose
« d'immense, d'infini, qui ne peut ni se circons-
« crire ni se représenter. D'où il résulte, selon
« M. Constant, que toutes les religions subissent
« des changements continuels, et qu'aucune ne
« parvient à un état fixe : les formes extérieures
« que prend le sentiment religieux deviennent,
« après un certain temps, trop étroites ; et alors
« le sentiment les dépose, et en cherche de nou-
« velles, plus nobles et plus larges, qu'il rejettera
« aussi à leur tour, et qu'il échangera contre
« d'autres meilleures. »

C'est, vous le voyez, Messieurs, la loi de la
perfectibilité que Benjamin Constant applique aux
choses divines comme aux choses humaines. Il
prétend, avec cette loi de la perfectibilité, expliquer sans peine le fait des religions diverses qui
ont paru sur la terre, leurs vicissitudes et leurs
changements. Il ne fait d'exception pour aucune ;
il soumet à la même loi le culte mosaïque et l'idolâtrie, le christianisme et le mahométisme, les
vraies religions et les fausses, c'est-à-dire, la
religion et ce qui n'en a que le nom ; confondant
et rangeant sous une même catégorie la réalité et

l'apparence, il considère tous ces amas d'opinions et de pratiques, auxquels les hommes ont bien ou mal appliqué la dénomination de religion, comme autant de formes extérieures d'un même sentiment religieux qui se trouve au fond de l'humanité, confus, vague, indéterminé, et auquel l'humanité donne, pour ainsi dire, un corps pour le produire au-dehors (1).

(1) Placer dans une même catégorie toutes les religions sans distinction, et parler de toutes les religions comme d'une même espèce de chose, c'est supposer comme un point démontré que parmi toutes les religions il n'en est aucune qui, de préférence aux autres, possède la vérité absolue et complète. Car s'il y en avait une qui fût absolument vraie, celle-là seule aurait la nature de religion, et les autres ne seraient pas plus des religions que le portrait ou la statue d'un homme ne sont un homme. Or cette supposition est diamétralement opposée au système catholique, et elle ne peut être admise par aucun homme qui professe une religion quelconque. Pour qui M. Constant écrit-il donc ? S'il n'écrit que pour ceux qui laisseront passer une pareille supposition, sur laquelle il bâtit tout l'édifice de son ouvrage, il est certain qu'il écrit pour un petit nombre d'hommes ; car ceux qui ne croient et ne professent aucune religion sont et ont toujours été en fort petit nombre. La plupart des lecteurs l'arrêteront donc dès le premier pas, et lui diront : « Tout beau, s'il vous plaît ; vous traitez également toutes les religions, vous ne mettez entre elles aucune différence essentielle ; mais cela, nous ne vous l'accordons point, sans que vous nous en fournissiez les preuves : car, avec une supposition si grave et si gratuite, il est clair que vous nous conduiriez où bon vous

De là il résulte que c'est l'esprit humain qui , au moyen du sentiment religieux qui lui est propre, a inventé et façonné toutes les religions diverses ,

semblerait. C'est donc à vous de nous montrer d'abord que la superstition et la religion sont une même chose , que tous les cultes et toutes les croyances des divers peuples de l'univers méritent également et dans le même sens le nom de religion. Si vous ne voulez pas vous arrêter un moment pour nous éclaircir sur tout cela , nous vous laisserons aller et nous ne vous suivrons point ; car l'erreur étant dans le principe , tous vos raisonnements seraient en l'air et tomberaient d'eux-mêmes. » En effet, l'ouvrage de Benjamin Constant dans lequel il entreprend de démontrer que toutes les croyances et les pratiques que l'on a appelées religions tirent leur origine de la même source , c'est-à-dire d'un instinct ou d'un sentiment religieux essentiel à la nature humaine , suppose comme démontré que tous ces cultes et ces croyances ne diffèrent pas dans le fond , comme la vérité diffère de l'erreur : car s'ils différaient ainsi, on verrait de prime-abord l'absurdité de sa thèse ; on verrait qu'il est absurde qu'une seule et même cause produise des effets diamétralement opposés, tels que sont le vrai et le faux , et que ce qui produit la vérité soit le même principe qui corrompt et détruit la vérité , en produisant l'erreur. D'où il résulte que le défaut de l'ouvrage de Benjamin Constant est profond et radical, que c'est une première supposition sans preuve, une erreur logique dans le principe même d'où dérivent toutes ses paroles et qui les dirige toutes.

Or à quoi sert-il qu'un homme soit habile à tirer des conséquences , s'il se trompe grossièrement dans le principe d'où partent toutes les conséquences ?

lesquelles ne se distinguent plus aujourd'hui, comme autrefois, par la différence du vrai et du faux, du révélé et de l'inventé, du divin et de l'humain ; mais seulement parce qu'elles sont des expressions tantôt plus étroites et plus pauvres, tantôt plus majestueuses et plus riches d'un même sentiment qui est naturel à l'homme, et qui fait un effort continuel pour se caractériser, pour s'exprimer et, si j'ose m'exprimer ainsi, pour prendre une figure. Cet effort ne cesse jamais, parce que le sentiment ne peut jamais revêtir que des formes imparfaites, attendu que toutes les expressions extérieures sont essentiellement bornées. En con-

Encore une observation. Dans l'ouvrage de M. Constant on produit des faits en abondance : très-bien, c'est aux faits qu'il faut en appeler, ici nous sommes d'accord. Mais ensuite à quoi sert cette abondance de faits, si ces faits sont précédés d'un système, s'ils sont précédés d'une théorie qui les domine tous, et que cette théorie soit gratuite, sans preuve, fausse ? La bonté de la méthode, dans ce cas, n'est qu'apparente ; les lecteurs superficiels, voyant beaucoup de faits cités, sont tout disposés à prendre l'auteur pour un philosophe exact ; et les lecteurs profonds n'y voient qu'un abus de la méthode positive, un gaspillage de ces faits, que l'on tiraille, que l'on estropie, que l'on présente de profil pour les ajuster au système ; ce qui est un piége tendu à la simplicité des lecteurs. Tel est l'ouvrage de Benjamin Constant, relativement à la méthode ; c'est un abus de l'abstraction.

séquence, il n'est jamais satisfait, il est toujours loin de son terme, et il ne lui reste que de tendre au moins à s'en rapprocher, c'est-à-dire à se rapprocher de l'entière communication de son être, à laquelle il aspire avec tant d'ardeur, mais en vain ; parce que, comme nous venons de le dire, il ne se trouve pas dans la nature des choses d'expression qui ne soit infiniment plus restreinte que ce sentiment, et qui par conséquent ne soit incapable de le contenir tout entier. C'est ainsi que notre auteur explique le fait de l'activité religieuse du genre humain. Un besoin continuel le presse ; et il ne peut jamais satisfaire ce besoin, parce qu'il n'existe pas d'objet qui puisse le conduire à ce but : ce besoin le pousse à inventer toujours de nouvelles religions (1). Ainsi, selon notre phi-

(1) L'affinité qu'a ce système religieux de Benjamin Constant avec le système de ceux qui placent la fin de l'homme dans une espérance qui n'est jamais satisfaite, et qui, toujours trompée, renaît toujours, mérite toute l'attention des penseurs. Le système qui voudrait fixer l'homme dans l'illusion, en ne le repaissant que d'une espérance illusoire, est le plus étrange et le plus insensé que l'on puisse imaginer, et il n'est pas aisé d'expliquer comment il a pu tomber dans l'esprit de l'homme. Cependant il est de fait qu'il y est tombé. De plus, c'est un système assez commun. Nous l'avons démontré dans l'*Essai sur l'Espérance*, inséré dans le second volume des *Opuscules philosophiques*. Si l'on y fait attention, on trouvera que c'est à ce système si

losophe, toutes les religions, sans exception aucune, ont une même source, c'est-à-dire ce besoin mystérieux de revêtir de formes extérieures le sentiment religieux. Ainsi l'esprit humain est parvenu finalement à s'attribuer à lui seul, et à déclarer son propre ouvrage toutes les religions qui ont paru sur la terre.

C'est ici, vous le voyez, Messieurs, une question grave; vous voyez que, si les doctrines de M. Constant sont vraies, les hommes de tous les pays et de tous les siècles ont été jusqu'à ce jour dans l'erreur la plus grossière, en attribuant à

absurde et si désespéré que vont aboutir en dernière analyse tous ces écrivains qui, après avoir abandonné la trace de la religion et de la morale, font du plaisir leur divinité. Gioja, en Italie, a fini par tomber dans ce système monstrueux du bonheur qui consiste dans une perpétuelle illusion; il y est tombé par une voie tout-à-fait différente de celle de Foscolo, qui le premier a chanté cette doctrine désolante, et l'a revêtue d'un langage explicite et philosophique. (Voyez la *Courte Exposition de la philosophie de Melchior Gioja.*

Or le système religieux de Benjamin Constant, qu'est-il, sinon une application à la religion de ce principe étrange qui se trouve dans les écrits de Hobbes, d'Helvétius, de Foscolo et de Gioja, et qui est insinué plus ou moins expressément par tous les écrivains dominés par un principe de mollesse ou d'incrédulité : c'est-à-dire qu'il y a dans l'homme un besoin qui tend toujours à se satisfaire, et qui n'est jamais satisfait; que tout le bonheur de l'homme consiste à espérer continuellement qu'il viendra à bout de satisfaire ce besoin : es-

Dieu et non à eux-mêmes l'origine de la religion.
Vous voyez que le christianisme cesse d'être cette
religion divine et unique qui se fonde sur l'immuable vérité ; ce royaume du Fils de l'Eternel,
qui doit survivre au ciel et à la terre. Confondu
avec toutes les autres religions, le temps le dé-
truira comme il détruit toutes les œuvres de
l'homme, et il ne laissera pas la plus faible trace
de son existence, ni le moindre souvenir de ses
promesses immenses.

La question est grave, et d'un autre côté elle
est profonde. La doctrine de M. Constant se présente comme inouïe et nouvelle ; mais quelles que
soient ses prétentions, quelque nouvelle qu'elle
paraisse, ne croyez point qu'il y ait un saut dans
les idées des hommes. J'affirme qu'elle est la con-
tinuation d'un système ancien, aussi ancien que

pérance qui meurt entre ses mains, qui renaît ensuite, le
soutient et le fait marcher en avant, bien qu'à son tour elle
le trahisse de nouveau et l'abandonne ? Ainsi le genre humain,
selon Benjamin Constant, éprouvant le besoin de revêtir de
formes convenables le sentiment religieux qui lui est naturel,
espère y réussir avec les premières formes qu'il trouve ;
mais cette espérance est bientôt déçue, et elle ne dure qu'autant de temps qu'il en met à découvrir que ces formes ne
correspondent point au sentiment qui lui est inné. Alors il
brise ces formes ; mais un espoir nouveau et toujours illusoire ne le laisse point oisif, et il se met à en créer de nouvelles, qui toutefois seront aussi vaines que les premières.

l'erreur ; qu'elle n'est qu'un anneau de cette doctrine traditionnelle à laquelle nos pères donnaient
le nom *d'impiété*; et c'est sous cet aspect que je
dois vous la présenter. Car ne formant point un
tout par elle-même , mais étant un dernier terme
de la progression qui commence avec le monde du
péché , c'est en vain que l'on voudrait en traiter
d'une manière isolée , on n'y comprendrait rien ;
il faut la voir dans son tout ; et ce n'est qu'en la
considérant dans cette généralité , avec cette unité
de pensée , qu'on peut la bien juger. Je trouve donc
qu'il est nécessaire de vous exposer cette vieille et
fameuse théorie des enfants des hommes, dont l'ouvrage de Benjamin Constant tout entier n'est qu'un
fragment ; je trouve qu'il est nécessaire de vous
en tracer l'histoire en peu de mots , et de tirer de
cette histoire la formule la plus générale qui renferme cette doctrine telle qu'elle s'est présentée
sous tous ses rapports particuliers , et dans toutes
ses apparitions si nombreuses et si variées. Il faut,
comme je l'ai dit , en chercher le principe dans
l'origine de la famille humaine ; il faut interroger
les monuments qui conservent les traces les plus
reculées de notre espèce , et y observer les premières traces , les traces originelles de cette sagesse humaine , qui y sont également empreintes.
Ouvrons, à cette fin , le plus ancien des livres , un
livre dont la date antérieure à celle de tous les

autres est garantie par la critique la plus sévère ,
je veux dire la Genèse de Moïse.

Dans ce monument qui précède l'invention des
systèmes philosophiques , avec un style vierge
d'ornements artificiels , on lit un fait singulier ,
une première faute de l'humanité ; et cette faute
est déclarée la source de toutes les autres , ainsi
que de tous les malheurs du genre humain. Un
récit si important , d'une si haute antiquité , mérite véritablement d'être observé avec l'attention
la plus profonde ; il peut et il doit être considéré
et analysé même par ceux qui n'y ajoutent pas foi.
C'est pourquoi les observations auxquelles je vais
le soumettre ne pourront être contestées par personne ; parce qu'elles ne déterminent rien sur la
vérité du fait , mais qu'elles se bornent à le considérer dans sa nature , en décrivant les parties
dont il se compose , et en en fixant les caractères;
en un mot , en soumettant à la méditation philosophique la narration de l'histoire la plus ancienne que l'on conserve sur la terre.

Une puissance maligne et invisible , cachée sous
les formes visibles d'un serpent , persuade aux
hommes sortis récemment des mains du Créateur ,
de manger un fruit que celui - ci leur avait dé-
fendu sous peine de mort , et il les amène à cette
transgression en leur promettant qu'ils ne mour-
raient point , comme Dieu le leur avait dit , mais

qu'au contraire, s'ils en mangeaient, leurs yeux s'ouvriraient, et qu'ils deviendraient semblables à Dieu même.

Cette proposition que le Génie du mal faisait aux premiers hommes, se réduisait à celle d'*une tentative de la part de la créature de se rendre grande et heureuse indépendamment de Dieu*. Or c'est là précisément la formule générale à laquelle se réduisent en dernière analyse tous les crimes, toutes les révoltes, toutes les bassesses, toutes les cruautés, toutes les folies et les fureurs qui impriment à l'histoire de l'humanité déchue un caractère tout à la fois triste et sublime.

Mais quelle proposition est-ce donc là ? se rendre grand et heureux indépendamment de Dieu ! Comment concevoir une pareille tentative ? « Si vous mangez ce fruit, dit le serpent, vos yeux s'ouvriront, et vous deviendrez semblables à Dieu. » Pauvre et misérable astuce ! Au moment même où la créature se propose de s'affranchir de la soumission à son Dieu, et de se passer de celui qui l'a tirée du néant, qui la conserve et l'empêche de retomber dans le néant, toutefois elle ne trouve rien de grand où elle puisse s'élever, sinon Dieu lui-même, de qui elle s'éloigne; et le démon ne sait rien imaginer d'excellent, s'il n'a recours à la ressemblance avec la Divinité. La Divinité est le type de toute grandeur et de toute perfection ;

et celui qui, pour ne pas s'abaisser, la fuit, la rencontre dans sa fuite : car la pensée et le désir d'un être intelligent ne peuvent ni faire abstraction de la Divinité, ni s'en passer ; et tout ce que peut dire de plus grand l'orgueil le plus effréné de l'homme ou du démon se réduit à ceci : *Nous serons semblables à Dieu.*

Une autre réflexion non moins singulière que nous présente cette première histoire du monde, c'est la petitesse et la disproportion du moyen choisi pour une fin aussi grande qu'était celle de changer les hommes en autant de divinités. Car si cette entreprise est tout ce que la pensée peut atteindre de plus élevé et de plus spirituel, la satisfaction sensible de manger un fruit est au contraire quelque chose de si matériel et de si frivole, qu'il semble à peine possible que l'imagination de l'homme mue par le père de toutes les espérances mensongères, l'orgueil, pût jamais croire trouver dans un fruit le plus étrange des mystères, la plus miraculeuse de toutes les vertus, une vertu toute à la disposition de son caprice, et plus grande que la puissance même de Dieu, par-là même redoutée de Dieu, la vertu de changer les hommes en dieux.

Par conséquent, cette histoire ainsi analysée se présente à nous revêtue de trois caractères singuliers, c'est-à-dire, 1° d'une tentative que fait la créature de se rendre grande et heureuse par elle-même indépendamment du Créateur; 2° d'une rechute que la créature fait subitement en Dieu, en prenant la nature divine pour le type de la grandeur et de la félicité qu'elle recherche; 3° d'une sotte et grossière contradiction entre les moyens et la fin, en choisissant des moyens sensuels et matériels, choses qui la dégradent et la rapetissent, pour s'élever, s'agrandir et se béatifier outre mesure, comme elle se l'imagine follement.

Après avoir ainsi analysé le fait célèbre qui est rapporté au commencement de la Genèse, ce que je veux vous faire observer, Messieurs, c'est que ce fait n'est point solitaire et unique dans l'histoire du genre humain; que la manière constante d'opérer de l'humanité s'accorde merveilleusement avec le fait décrit dans le plus ancien des livres, et que tout ce qui est arrivé depuis dans le monde semble n'être qu'une répétition de ce fait primitif, avec quelques variations seulement dans les accessoires. Car partout, dans les œuvres des enfants des hommes, on trouve gravé profondément ce triple caractère que nous avons vu empreint dans leur premier crime; toujours des efforts répétés pour exécuter l'entreprise téméraire de se rendre grands et heureux indépendamment de Dieu, et toujours avec les mêmes moyens frivoles, avec la même contradiction, en se per-

suadant d'atteindre à une félicité et à une grandeur divines, selon les promesses continuelles du
serpent, au moment même où ils s'abandonnent
le plus aveuglément aux choses sensibles et matérielles : de sorte que le fait décrit par Moïse est en
même temps une parabole de la nature humaine ;
et ceux qui ne voudraient pas l'admettre comme
réel, seraient toutefois contraints de l'admettre
comme une figure de tout ce qui est arrivé depuis
sur la terre, de tout ce que nous présentent avec
un parfait accord les annales du genre humain.

Vous voyez les hommes, peu de temps après le
déluge, enflés de vanité et d'orgueil essayer de se
rassurer contre le ciel qu'ils redoutaient : ne pouvant plus réellement échapper à la mort, ils veulent
au moins dans leur imagination se procurer l'immortalité du nom (1). C'est précisément dans l'acte
par lequel ils méprisent davantage le ciel, qu'ils
prennent le ciel pour le but de leur entreprise, et
qu'ils disent tous ensemble : *Faisons — nous une
ville et une tour qui s'élèvent jusqu'au ciel, et
rendons notre nom célèbre, avant que nous nous
dispersions par toute la terre.*

(1) *Celebremus nomen nostrum, antequam dividamur in
universas terras.* Voilà la fiction substituée à la vérité, et le
mensonge de l'imagination appelé au secours pour dédom-
mager de la perte de la réalité. C'est là le jeu perpétuel de
l'homme égaré et séparé de son Créateur.

Les entreprises audacieuses des mortels sont marquées du même caractère dans les fables de toute l'antiquité païenne. C'est au ciel que les Titans entreprennent de donner l'escalade ; mais ils n'ont pas d'autre motif, sinon qu'ils ne voient pas d'autre moyen de se rendre grands et immortels que celui de faire la conquête du ciel. Le ciel est toujours le but et le dernier terme de toute ambition ; et le sacrilége Prométhée ne parvient à animer sa statue qu'en ravissant une étincelle au feu céleste.

Celui qui considère mûrement les choses verra aisément que ce besoin que l'homme a de Dieu, et qu'il sent le plus vivement alors précisément qu'il l'a abandonné et méprisé, a été la cause profonde et universelle de l'idolâtrie, de ce fait si absurde et si constant, et qui semblerait impossible aujourd'hui que le monde s'est rangé sous l'étendard de Jésus – Christ, et dans lequel cependant les hommes se précipitent avec une impétuosité en comparaison de laquelle l'amour de la vie et l'impulsion qu'ils reçoivent des passions les plus violentes ne sont rien.

Car si nous interrogeons toutes les histoires de l'humanité séparée de son Créateur et abandonnée à elle-même, elles nous montrent partout l'homme tourmenté et inquiet faisant des efforts continuels pour diviniser tout ce qui l'entoure, tout ce qu'il pense, tous les objets de ses passions, tout ce qui se présente à lui comme pouvant nourrir une crainte ou une espérance. Ce fait incontestable, cette tendance indestructible de l'humanité, qui se présente à nous sous tant de formes différentes, mais toujours la même dans son essence, nous manifestent le besoin intime et profond qu'a l'humanité séparée de Dieu, de trouver cependant quelque chose de divin et d'absolu. Son imagination travaille continuellement à reproduire ce que sa malice avait d'abord détruit, et crée sans cesse des idoles, que la raison brise et dont elle se moque, et que le cœur adore et poursuit avec une ardeur infatigable : et ce travail continuel de l'homme qui fabrique des dieux, précisément parce qu'il est ennemi de Dieu, vient d'un principe de sa nature, qui, même inaperçu, agit avec beaucoup d'énergie ; c'est-à-dire du besoin de croire à ce qu'il aime, et de regarder comme vrai tout ce qu'il désire (1).

(1) La déification de ce qui nous plaît est une exagération à laquelle nous sommes portés involontairement et même sans nous en apercevoir. Lorsque nous voyons une chose qui nous ravit, qui nous transporte, nous l'appelons aussitôt divine. Il est fort naturel, par exemple, dans la bouche d'un libéral, d'appeler la liberté *cette divinité des âmes fières et nobles* (Constant, Préface). Nous disons le divin Platon, la divine Comédie, etc. Nous ne pouvons pas nous passer de

L'homme a un sentiment de ses forces, que l'orgueil lui exagère continuellement. Mais à côté de ce sentiment, il s'en élève toujours un autre ; c'est celui de sa propre faiblesse. Il est impossible que l'homme se fasse pleinement illusion ; car l'illusion ne peut prendre que l'écorce du vrai, elle n'en peut jamais prendre la substance ; et quelles que soient les distractions que les chimères de son or-

ces mots *Dieu*, *divin*. L'amour a appris aux hommes à jurer par la tête des personnes aimées, ce qui est les diviniser. Au reste, Juvénal fait une belle observation dans la Satire **VI** : il dit que cette manière de jurer n'appartient pas à l'âge d'or du monde, mais à celui de la corruption :

> ... *Nondum Græcis jurare paratis*
> *Per caput alterius.*

Bien plus, il faut observer que dans les écrits mêmes des Epicuriens, lorsqu'un peu d'enthousiasme les élève, vous rencontrez le mot *divin* appliqué bien souvent à ce qui est le plus opposé à l'Etre divin. Cette observation a déjà été faite anciennement par Tertullien, dans le livre *De Testimonio animæ*, et par S. Cyprien, qui écrivait au sujet des impies de la bouche desquels s'échappent de semblables paroles : *Hæc est summa delicti, nolle agnoscere quem ignorare non possis.* De Idol.

Mais la vraie religion, en faisant connaître au genre humain la vraie Divinité, les choses vraiment divines, donne seule à l'homme la possibilité de se passer de toutes ces exagérations, et de laisser un style enflé de mensonge et de vanité.

gueil lui suggèrent pour l'empêcher de penser aux bornes de son être, toutefois elles ne parviennent point à suppléer en lui des forces que réellement il n'a pas ; elles ne peuvent pas détruire la déposition constante de sa nature, qui proteste et déclare hautement qu'elle est limitée de toutes parts et pleine de faiblesse, et qu'elle existe dans cet univers comme un accident (1). C'est pour cela que l'homme, s'étant proposé d'un côté de se rendre grand et heureux indépendamment de Dieu, et de l'autre sentant qu'il n'a rien dans son propre fonds qui puisse le satisfaire, est conduit à chercher

(1) M. Constant exprime très-bien cette vérité (Liv. I, c. 1) : « Nous éprouvons un désir confus de quelque chose de « meilleur que ce que nous connaissons ; le sentiment reli- « gieux nous présente quelque chose de meilleur : nous « sommes importunés des bornes qui nous resserrent et qui « nous froissent ; le sentiment religieux nous annonce une « époque où nous franchirons ces bornes : nous sommes « fatigués de ces agitations de la vie, qui, sans se calmer « jamais, se ressemblent tellement qu'elles rendent à la fois « la satiété inévitable et le repos impossible ; le sentiment « religieux nous donne l'idée d'un repos ineffable toujours « exempt de satiété. En un mot, le sentiment religieux est « la réponse à ce cri de l'âme que nul ne fait taire ; à cet « élan vers l'inconnu, vers l'infini, que nul ne parvient à « dompter entièrement, de quelques distractions qu'il s'en- « toure, avec quelque habileté qu'il s'étourdisse ou qu'il se « dégrade. »

quelque autre soutien, quelque autre être qui lui prête secours dans son entreprise forcenée, quelque être qui, sans être Dieu, soit aussi puissant que Dieu et plus que Dieu, et qui le fortifie sans froisser son orgueil en l'assujettissant à la pleine obéissance qu'il devait à Dieu. Pressé par un besoin si urgent, l'homme cherche cet être partout ; mais, ne pouvant le trouver, il le voit et se le figure par son imagination, et de cette manière il se crée l'objet de sa croyance : en un mot, il fait son Dieu de tout ce qui est hors de Dieu ; livré à une illusion volontaire, il voit une puissance infinie ou du moins indéfinie là où elle n'est pas, afin de se rassurer un instant, afin de calmer ses frayeurs et d'assouvir les besoins essentiels de sa nature.

En premier lieu, des Génies malfaisants, ennemis du Créateur, livrés au mensonge, à la parole desquels l'homme avait cru au commencement plus qu'à celle de Dieu même, devaient l'occuper et ranimer ses espérances déchues : ainsi il commença par chercher un soutien dans le règne des choses invisibles, vaste champ ouvert à l'imagination, et il s'abandonna aux esprits réprouvés. Mais pour que ces Génies pussent satisfaire ses désirs, il fallait qu'ils fussent souverainement puissants, il fallait qu'il les imaginât en quelque sorte revêtus d'une force infinie : l'homme ne tarda donc pas à diviniser les démons (1).

Mais les espérances que l'homme mettait en de pareilles divinités durent nécessairement être souvent déçues. Celui qui imagine quelque bien, ne parvient pas par-là même à se le procurer ; et avec

---

(1) Que la première espèce d'idolâtrie ait été celle des anges rebelles, c'est aussi l'opinion de Le Clerc (*V. Index philolog. ad hist. Philos. orient. in voc. Angelus et Astra*, et Calmet, *de Origine idololatriæ*). Les saintes Ecritures nous dépeignent les démons comme des anges qui aspirèrent à obtenir les honneurs divins ; et les mêmes Ecritures nous attestent qu'ils obtinrent ces honneurs, quand elles disent : *Omnes dii gentium dæmonia* (Ps. 95). Ainsi l'impiété dans les hommes ou dans les démons a la même nature. Des milliers d'années s'écoulent, et cette nature est encore la même : le même principe qui a inspiré au premier ange prévaricateur cette pensée orgueilleuse : *Je monterai au ciel, je serai semblable au Très-Haut* (Is. 14), fut celui qui, quarante siècles après la création du monde, faisait dire au tentateur de Jésus-Christ : *Je vous donnerai toutes ces choses, si, en vous prosternant devant moi, vous m'adorez* (Matth. IV, 9).

Les hérétiques ont adoré le démon sous son propre nom. Au troisième siècle, le fondateur du manichéisme et ses disciples adorèrent et invoquèrent les *démons* de l'air. Dans le siècle suivant parurent les Sataniens, ainsi appelés parce qu'ils rendaient un culte à Satan et l'adoraient. Plus tard, c'est-à-dire dans le treizième siècle, en Allemagne la secte des Stadingues renouvela l'adoration de *Lucifer*, dont la statue leur servait d'oracle. Ils s'abandonnaient à toute sorte de

toutes les chimères de l'imagination, le vide qui n'est pas rempli, demeure. Le spectacle de l'univers matériel lui présentait des êtres immenses, innombrables, doués quelquefois d'une force prodigieusement supérieure à la sienne, soumis à des lois mystérieuses et immuables : il se reporta donc avec son imagination sur la nature, il espéra trouver en elle un soutien et un appui. Fondé sur cet amas de choses en grande partie inconnues, son espoir s'accrut indéfiniment ; et pour se satisfaire pleinement, l'homme vit des dieux dans tout le monde, il divinisa la nature (1).

Mais la nature était trop souvent sourde aux prières de ses adorateurs ; et, composée de forces utiles et de forces nuisibles, peuplée d'êtres bien—

turpitudes, sans respect pour les plus saintes lois de la nature ; et de là leur vint le nom de Condormants. L'histoire de la magie fournirait une ample matière à cette note.

Au reste, notre siècle n'appartient à aucune de ces sectes, mais à celle des Ophites. Cette espèce de sages (γνωστικοι) adorait un serpent, parce que le serpent a enseigné aux hommes la science du bien et du mal.

(1) Cicéron parlant des mystères d'Eleusis, de Samothrace et de Lemnos, dit que, après avoir entendu l'explication de ces mystères, on avait plus appris à connaître la nature des choses que celle des dieux : *Quibus explicatis ad rationemque revocatis, rerum magis natura cognoscitur quàm deorum* (De Nat. deor. I, 42. — V. encore II, 24). En certains pays on rendait un culte aux quatre éléments.

faisants et d'êtres malfaisants , elle laissait encore l'homme dans son impuissance. Avec toutes ses créations, celui-ci n'était point encore rassuré ; la crainte, fille de la faiblesse, l'environnait toujours , l'investissait toujours ; il devait donc recommencer tout de nouveau ses tentatives. Quelques hommes doués d'une force, d'une autorité, d'une sagacité extraordinaires , s'attirèrent les regards de la multitude, qui se persuada qu'ils étaient exempts de cette faiblesse qu'elle ressentait en elle-même ; et ces hommes furent divinisés pendant leur vie ou après leur mort (1). On rendit aussi un culte qui

(1) Pline (*Histor. nat. II*). *Hic est vetustissimus referendi benè merentibus gratiam mos, ut tales numinibus adscribant : quippè et omnium aliorum nomina deorum, et quæ suprà retuli siderum, ex hominum nata sunt meritis* (Cicéron, *de N. D. II, 1*). *Suscepit autem vita hominum consuetudoque communis, ut beneficiis-excellentes viros in cœlum famá ac voluntate tollerent. Hinc Hercules, hinc Castor et Pollux.*—Les Perses voyaient dans leur roi l'image de Dieu (**Plut.** *in Themist.*). — Zénon, Chrysippe et Créon se mirent les premiers à expliquer les fables par l'histoire , selon Cicéron (*de Nat. deor. III, XXIV*). — Plutarque raconte que Euhémère, ancien poète et philosophe de Sicile , écrivit l'histoire de Saturne , de Jupiter et d'autres dieux , en rapportant les détails de leur naissance, de leur patrie , et qu'ainsi il *humanisa les dieux. Ab Euhemero autem* , dit Cicéron, *et mortes et sepulturæ demonstrantur deorum* (De Nat. deor. I , XLII). —Marinus,

avait quelque chose de divin à toutes les âmes des trépassés ; car les passions des vivants poussées au-delà du tombeau prennent un caractère plus sublime, et tout ce qui appartient à l'empire des morts a quelque chose de mystérieux et de caché, qui prête beaucoup à l'imagination et aux espérances infinies qu'elle fait naître et qu'elle entretient.

Cependant l'homme se dégoûtait des anciennes divinités, et il ne pouvait se rassasier d'en chercher de nouvelles. Il pouvait bien s'en promettre, mais non en obtenir l'appui dont il avait besoin. Il avait déjà conjuré tous les êtres ; il avait divinisé les démons, la nature, il s'était divinisé lui-même ; et cependant d'autres dieux lui étaient nécessaires. Il morcela donc les êtres par des abstractions, pour

dans la Vie de Proclus, son maître (c. x), parle du culte rendu à Socrate (Voyez Diodore de Sicile.—Cicéron, *Tusc. Quæst. I*, *XII*, *XIII*, *XVI*. — Virg., *Æneid. VI*, 653. — Hesiod., *Opera et Dies*.—Strabon, XVII.—Platon dans le Memnon). Porphyre (*De Abstinentiâ*, *IV*) dit que, dans la ville d'Anubis en Egypte, on adorait un homme. Toutes ces déifications d'hommes bienfaisants ou puissants, ou doués de qualités quelconques, sont des exagérations de la force humaine. L'homme avait besoin de se donner à entendre à lui-même, qu'il avait plus de force qu'il n'en possédait réellement, en voilant et en se cachant à lui-même, autant qu'il le pouvait, la faiblesse essentielle à son être. Tout

accroître le nombre de ses divinités ; il divinisa ses plaisirs, ses passions, ses vertus, ses vices, ses aventures, ses caprices, ses rêves, les sons qui lui sortaient de la bouche, les accidents de sa vie, toutes les formes diverses que prenaient les sentiments de son cœur, et sa corruption même. Il divisa et tritura l'univers, il se divisa et se tritura lui-même par la pensée, pour multiplier ses dieux

fut tenté par l'homme pour remédier à la faiblesse et à la nullité de ses forces ; et par ces efforts inutiles, il montra toujours le besoin d'une force infinie, le besoin de l'immortalité, de quelque chose de stable, d'absolu. Privé de la réalité, il cherchait des chimères : de là la crédulité prodigieuse, étrange, ridicule non de tel ou tel homme, mais de la masse entière des hommes : l'homme voulait se persuader, voulait croire qu'il avait ce qui lui manquait. Une de ses inventions les plus ingénieuses pour reculer les bornes de sa nature, fut celle de donner aux étoiles les noms des héros, et de donner ainsi une plus grande consistance à l'histoire qu'il voulait transmettre à la postérité : sur quoi Le Clerc (dans sa *Bibliothèque universelle*, vol. VII) rapporte cette ancienne épigramme, je crois d'Eratostène :

Tempore cùm lapidum sciret monumenta vetustas
Atque perire suo cuncta metalla sinu,
Cauta suam ætates fertur docuisse futuras
Cœlorum æternis ignibus historiam.

Selon Pline, ce fut la même cause qui donna naissance à la magie (*Histor. nat.* XXX, 1). C'était encore une tentative

comme les grains de sable , et pour nourrir encore
l'espoir qui lui était si cher de réussir dans son au-
dacieuse entreprise , sinon par la puissance de
chaque divinité dont il avait expérimenté l'insuffi-
sance et la faiblesse , au moins par le nombre infini des dieux, qui déjà croissaient dans ses jardins,
et pullulaient au milieu de son fumier , avec la fé-
condité des insectes (1). « Ainsi Rome , dit saint
« Léon , croyait s'être formé une religion grande
« et majestueuse , pour avoir donné asile aux

pour se prolonger la vie, en recourant à des imaginations relativement à quelque chose de divin : c'est toujours le même
principe dans tout ce que l'homme a inventé en fait de religions fausses. C'est incroyable combien l'homme a imaginé
d'absurdités pour connaître l'avenir. L'ignorance de l'avenir
était aussi une de ces limites ennuyeuses que l'homme
voulait éloigner de lui : car un besoin essentiel le presse de
faire disparaître toutes les bornes, de s'agrandir indéfiniment
(Voy. Cicér. particulièrement *de Divin. I*, ɪ). Finalement
qui ne voit que la morale même de Zénon , et ce sage idéal
auquel on donnait même le nom de *Dieu*, était encore une
invention de l'homme pour se tromper lui-même , en se per-
suadant qu'il était plus grand qu'il n'était réellement, et qu'il
se suffisait à lui - même ? (Voyez là-dessus *Saggio sulla
Speranza*.)

(1) On finit par ériger des autels aux divinités inconnues
(*Act. Apost.*). Voyez aussi Diogène Laerce , dans Épimé-
nide.— Pausanias , dans Att. — Lucien , dans Philopat.

« erreurs et aux superstitions de toutes les na-
« tions qu'elle avait subjuguées. »

L'humanité, parvenue à ce terme, ne pouvait
pas aller plus loin ; elle avait tout divinisé (1) ,
elle avait partout cherché ce Dieu qu'elle avait
d'abord abandonné , et sans lequel elle ne pouvait
exister : et tous ses efforts avaient été inutiles ;
l'imagination fatiguée, épuisée, n'avait plus de
force pour se faire illusion, ne trouvait plus d'ali-
ment pour nourrir ses erreurs. Le nombre infini
des divinités imaginaires ne lui servait pas plus que
les divinités moins nombreuses ; ce n'était qu'une
erreur plus développée , arrivée à son dernier période , une absurdité trop manifeste , pour que
finalement la raison , jusque-là accablée par l'imagination , ne se révoltât pas, et, réclamant ses
droits si long-temps oubliés , ne battît pas en ruine
le règne des dieux impuissants de l'homme , et ne
le couvrît pas de ridicule et d'ignominie.

Ainsi naquit la philosophie, qui, ayant fait
disparaître les faux dieux , et ne connaissant pas
le Dieu véritable, devint synonyme d'athéisme (2).

______

(1) *Omnia colit humanus error* , dit Tertullien , **præter**
ipsum omnium Conditorem (De Idol. IV).

(2) C'est ici qu'il faut chercher la raison profonde pour laquelle les philosophes de l'antiquité furent presque toujours
regardés comme des impies. Ils ne pouvaient pas s'accom-

Lorsque la philosophie d'Epicure parut dans la Grèce, et lorsque Lucrèce l'introduisit à Rome, c'était le temps où l'idolâtrie avait atteint le plus haut point de sa folie, de sa perversité et de son abjection; de manière que les philosophes mêmes qui se montraient éloignés des systèmes de l'athéisme, le préféraient cependant à cette superstition absurde et honteuse (1).

Or, avec l'effort que la raison de l'homme faisait alors contre l'œuvre insensée de l'homme, l'homme lui-même parut sentir se réveiller en lui une étincelle cachée de grandeur et de noblesse. Par ce nouvel usage de sa raison il s'apercevait qu'il y avait

moder à la superstition païenne, et s'étant défaits de ces absurdités, il ne leur restait plus aucune religion, au moins qui fût sous leurs mains : la vraie religion était loin d'eux, la source de la révélation était desséchée. D'un autre côté, qui me dira pourquoi Aristote dut quitter sa patrie pour ne pas éprouver le sort de Socrate, et laisser son école à Théophraste, tandis qu'Epicure enseignait tranquillement sa doctrine ? Etait-ce peut-être que les hommes craignaient plus d'être ramenés à Dieu, que d'être privés des dieux; ou qu'il en coûte moins à l'épicuréisme qu'aux autres systèmes d'être inconséquent et mensonger ?

(1) Plutarque, dans le livre *de la Superstition*, a pour but de prouver que l'impiété des athées était moins funeste et moins immorale que la superstition idolâtrique de ses contemporains.

en lui une puissance élevée, dont le développement n'était pas encore complet, et il ne pouvait pas prévoir où il irait aboutir. C'est pourquoi son projet antique et constant de se rendre grand et heureux par lui-même, reprit haleine, et marcha dans une nouvelle direction ; l'homme pensa un instant pouvoir se passer de toutes les divinités de sa création, et il prit la résolution de se soustraire à leur empire, comme il s'était soustrait à l'empire du vrai Dieu : abandonnant tout ce qu'il avait imaginé jusqu'alors de surnaturel, il voulut trouver dans sa nature seule, dans sa raison seule sa grandeur et sa félicité.

Lorsque l'homme nourrissait dans son cœur ces espérances insensées, il ne se connaissait pas encore lui-même ; et cela n'est pas étonnant, puisqu'il ne parviendra jamais à se connaître complètement. Il avait oublié ce qui lui était arrivé dans son premier abandon de Dieu, comment il avait alors recouru à la Divinité même pour trouver un moyen de consommer sa rebellion contre la Divinité. La nature le conduisit la seconde fois au même résultat, à la même contradiction : Epicure, l'école qui porta son nom et qui combattait les divinités imaginaires des hommes, ne fournissait réellement à l'homme aucun nouveau moyen d'agrandissement ; c'était une nouvelle phase de la doctrine primitive, comme transmise par le canal de la tradition ; c'était, dis-je , une nouvelle phase de la doctrine de l'antique ennemi , qui voulait ouvrir les yeux de la raison, et rendre les hommes semblables aux dieux. Aussi l'homme se livrait à la même jactance , il se faisait les mêmes promesses fastueuses , et le Chantre épicurien de Rome en exprimait la pensée dans ces deux vers :

Quare relligio pedibus subjecta vicissim
Obteritur : nos exæquat victoria cœlo (1).

L'incrédulité répandue dans la masse du peuple jette nécessairement la société dans un état de convulsion , car elle lui laisse un besoin essentiel qui n'est point satisfait. Le genre humain ne peut pas exister dans un pareil état, c'est pour lui une maladie qui offre tous les signes les plus mortels ; il devient frénétique ; tout hors de lui-même et sans guide , il va cherchant un appui dans les superstitions les plus horribles et les plus insensées , uniquement pour essayer de tout , pour trouver au moins un soulagement momentané , une illusion

---

(1) *Luc. I.* A ces vers de Lucrèce correspondent les vers suivants de Virgile, qui sont aussi sur un ton de triomphe et de conquête :

Felix qui potuit rerum cognoscere causas ,
Atque metus omnes et inexorabile fatum
Subjecit pedibus , strepitumque Acherontis avari !

quelconque. C'est pourquoi les siècles d'incrédulité sont, comme je le disais, les siècles où règnent d'ailleurs les superstitions les plus honteuses : c'est le spectacle que nous présentent les temps du paganisme expirant.

Juvénal, dans la Satire VI (1), décrit les horribles superstitions des Romains incrédules et corrompus de son temps (2), les chœurs furieux de la déesse Bellone, les courses extravagantes des prêtres d'Isis; les danses lascives, le fanatisme de ces hommes qui hors d'haleine, le corps déchiré (3), mutilé,

(1) Voyez aussi la Satire II, v. 110—116.

(2) Il dit dans la Satire II, v. 149—152, que de son temps les enfants, dès l'âge de quatre ans, ne croyaient plus à la vie future :

> *Esse aliquos manes, et subterranea regna,*
> *Et contum, et Stygio ranas in gurgite nigras,*
> *Atque unâ transire vadum tot millia cymbâ,*
> *Nec pueri credunt, nisi qui nondùm aere lavantur.*

Et cependant ce même Juvénal, quoiqu'il attribue à l'incrédulité la corruption des mœurs de son siècle, par la manière dont il parle des choses de la vie future qu'il mêle avec les fables des poètes, ne nous laisse aucune bonne preuve de sa ferme croyance à l'immortalité de l'âme et à la récompense future.

(3) Lucain dit aussi que les prêtres de Bellone avaient coutume de se déchirer les chairs comme des furieux :

> *. . . tum quos sectis Bellona lacertis*
> *Sæva movet, cecinêre Deos.* Phars. I, 565, 566.

la poitrine ensanglantée , allaient promenant des
statues et des simulacres par les villes et les villages :
l'air retentissait de leurs cris , ils étonnaient la po-
pulace par leurs affreuses contorsions (1) ; les sup-
pliants avaient besoin alors d'être non pas couverts,
mais inondés du sang des victimes ; les sacrifices
humains reprenaient faveur (2) ; partout on voyait
les divinités les plus hideuses ; tous les monstres
de l'Egypte , les idoles à tête de chien , de loup ,
d'épervier , les symboles scandaleux remplissaient
les appartements des plus grandes dames et les palais des Césars.

(1) Claudien, in Eutropium , I , 277—280 :

Vel , si sacra placent , habeas pro Marte Cybellem :
Rauca celenæos ad tympana disce furores.
Cymbala ferre licet , nectusque illidere pinu
Inguinis, et reliquum phrygiis abscindere cultris.

Tous les auteurs de cette époque décrivent de semblables
scènes de dissolution , de cruauté et de fureur. (Voyez
Luc. I ; Sil. Ital. XVII ; Martial II , épigr. 45, et III , ép. 24 ,
81 , VIII , ép. 75 ; S. Augustin, *de Civit. Dei* , VII, XXIV ,
XXV , XXVI.

(2) Juvénal dit des aruspices arméniens et syriens , car il
y en avait de toutes les nations :

Pectora pullorum rimabitur...
Interdum ET PUERI. Sat. VI , 550 , 551.

Plutarque, dans l'opuscule *de la Superstition*, nous décrit aussi le mélange de l'incrédulité avec la superstition de son temps; et tous les écrivains de cette époque, d'un commun accord, dépeignent l'idolâtrie comme unie au débordement de toutes les extravagances et de toutes les impiétés : ils nous montrent « des hommes de tout état, riches, « pauvres, jeunes, vieux, saisis sans cause appa- « rente d'une frénésie désespérée, déchirant leurs « vêtements, se roulant dans la fange, s'écriant « qu'ils sont maudits des dieux; puis se remettant « à parler des dieux par habitude et par vanité, sur « le ton du mépris et de l'ironie (1); ensuite cher-

(1) Plutarque, dans l'opuscule cité *de la Superstition*, observe que les superstitieux n'aimaient point les dieux, mais qu'ils feignaient de les aimer et de les honorer ; et qu'en réalité ils les haïssaient d'une haine mortelle. « Observez, « dit-il, quel jugement les superstitieux portent des dieux en « les croyant insensés, parjures, sujets au changement, vin « dicatifs, cruels et orgueilleux ! Il faut que le superstitieux « haïsse et craigne les dieux. Et comment en serait-il autre- « ment? puisque c'est à eux qu'il attribue tous les maux qu'il « a soufferts et ceux qui le menacent dans l'avenir? Or, s'il hait « et s'il craint les dieux, il sera donc leur ennemi. Cependant « qu'on ne soit point étonné de ce qu'il leur adresse des prières « et leur offre des sacrifices, de ce qu'il va les adorer dans « les temples ; car ne voyons-nous pas qu'on prodigue aux « tyrans les respects et les hommages, qu'on leur élève « des statues d'or? mais en secret on a pour eux une haine

« chant des antres obscurs, pour consulter des
« sorcières, ou des vendeurs d'amulettes et d'en-
« chantements ; parcourant de nuit les cimetières,
« pour déterrer les morts ; égorgeant des enfants
« ou les faisant mourir de faim sur les tombeaux,

« mortelle, quoique en public on offre des sacrifices pour leur
« conservation. Hermolaüs courtisa Alexandre de Phérès,
« Pausanias fit long-temps la garde auprès de Philippe, et
« Chéréas auprès de César ; mais chacun d'eux disait en soi-
« même derrière eux :

« Ah ! si je le pouvais, j'en tirerais vengeance ! »

C'est ainsi que dans une religion fabuleuse l'homme ne
pouvait avoir qu'un simulacre de culte, de respect et d'amour,
puisque tous ces sentiments avaient pour objet des êtres qu'il
avait lui-même divinisés.

Plutarque, en décrivant les excès de la superstition, a fait
l'histoire de l'idolâtrie. En vain le philosophe s'écriait qu'il
ne fallait pas abandonner aux turpitudes et aux horreurs
dont on remplissait les cérémonies du culte ; il ne connaissait pas la nature de l'homme, il prescrivait l'impossible.
L'homme avait un besoin absolu du vrai Dieu. Quant aux
dieux qu'il avait faits de ses mains, il s'efforçait de
les aimer, et il les haïssait ; il voulait les adorer, et il les
insultait ; il désirait en obtenir de la joie et du plaisir, et ils
ne lui inspiraient que l'horreur et l'épouvante ; et tandis qu'il
voulait en faire le symbole de la vertu, il ne trouvait en eux
que l'exemple des vices les plus honteux. C'est dans ces
faits caractéristiques, universels, solennels, qu'il faut étudier l'humanité, et observer l'impossibilité absolue où elle
est de se passer du vrai Dieu, et de lui substituer quelque
chose qui puisse la satisfaire.

3

« pour chercher l'avenir dans leurs entrailles (1);
« bravant la douleur avec un corps énervé, et
« soumettant à des macérations épouvantables des
« membres affaiblis par la volupté, afin de faire,
« pour ainsi dire, violence à cette puissance in-
« connue qu'ils semblaient chercher à tâtons, et
« comme pour arracher à l'enfer ce qu'ils déses-
« péraient d'obtenir du ciel. » (Constant, *de la*
« *Religion, I, II.*)

(1) « Quand ils n'avaient pas d'enfants, dit Plutarque, ils
« en achetaient des pauvres, comme on achète des agneaux
« ou des chevreaux; et il fallait que la mère assistât au sacrifice
« sans montrer un signe de compassion, sans pousser un
« soupir. Si par hasard elle laissait échapper un soupir ou
« une larme, elle perdait le prix de son enfant, qui néan-
« moins était immolé. Autour de la statue à laquelle on
« offrait le sacrifice, il y avait un grand nombre de joueurs
« de flûte et de tambour qui faisaient retentir l'air du son
« de leurs instruments, pour qu'on n'entendît pas les cris
« de la victime. » La cruauté ou plutôt l'atrocité était un
des caractères de l'idolâtrie. Il est vrai que ce caractère ne
se montra pas également dans tous les lieux et dans tous les
temps ; mais on en aperçoit, j'ose le dire, toujours et partout, dans toutes les superstitions, la tendance et le germe ;
et ce germe funeste devait se développer et croître comme
tous les germes semés dans le cœur de l'homme : lorsque ses
fruits sont venus à maturité, il se fait connaître tel qu'il est ;
mais auparavant il ne se montrait pas. Qui croirait que la
tristesse, la peur, la cruauté se mêlaient aux fêtes les plus
gaies ? « Les hommes, dit Plutarque, trouvent ordinaire-

Les mêmes causes étant données, les mêmes effets se reproduisent. Quand on lit l'histoire de ces hommes qui maintenant se livrent au désespoir parce qu'ils sont maudits des dieux, et qui un

« ment l'occasion d'une grande joie dans la solennité des « fêtes, dans les banquets sacrés qui se font dans les tem- « ples, dans l'initiation au culte, dans les cérémonies mys- « térieuses des sacrifices, dans la prière et l'adoration des « dieux. — Le superstitieux voudrait bien goûter le plaisir et « la joie; mais il ne peut en venir à bout, et son âme est « précisément comme la ville dont parle Sophocle :

« La ville retentit des chants de l'allégresse,
« Mais ces chants sont mêlés à ceux de la tristesse.

« Tout pâle et consterné, il se couronne cependant de « fleurs, il offre le sacrifice et tremble de frayeur; il adresse « ses prières à Dieu d'une voix tremblante, et répand la fu- « mée de l'encens d'une main mal assurée; en un mot, il « dément ce mot de Pythagore, que nous devenons meilleurs « quand nous nous approchons de Dieu : car les superstitieux « ne sont jamais dans un état plus triste et plus funeste, que « lorsqu'ils entrent dans les temples des dieux; on dirait « qu'ils entrent dans une tanière d'ours, dans un repaire de « serpents, ou une caverne de monstres marins. » D'où Plutarque tire cette conséquence, que l'impiété est préférable à une pareille superstition. Pour nous, nous voulons observer ce fait, que l'homme, en cherchant la joie dans une religion imaginaire, n'y a trouvé que la terreur; comme, en y cher- chant la pureté, il n'y a trouvé que l'ordure du vice; et en y cherchant l'amour, il n'y a trouvé que la haine, la fureur et le sang.

3.

instant après maudissent eux-mêmes les dieux , on ne peut s'empêcher de se rappeler les blasphêmes que Voltaire mêlait dans les derniers instants de sa vie aux invocations du nom de Jésus-Christ ; et quand on observe comment les philosophes incrédules du paganisme , qui se proposaient de détruire toute espèce de divinité , tombaient aussitôt en contradiction en prenant eux-mêmes la place des dieux dont ils s'étaient défaits , on ne peut s'empêcher de se rappeler le temps de la révolution française , où l'on vit l'incrédulité, qui voulait détrôner le vrai Dieu , prendre une tendance manifeste vers un nouveau polythéisme (1),

(1) Pour quiconque sait observer , c'est une chose manifeste que l'incrédulité du dernier siècle a eu pour effet de rapprocher les hommes du polythéisme , dans lequel ils seraient certainement retombés , si l'incrédulité l'avait emporté sur le christianisme. Les traces du polythéisme renaissant sont très-fréquentes dans les mœurs , ainsi que dans les écrivains de cette époque ; plusieurs de ces écrivains , comme Freret , Gibbon , Voltaire , Raynal , etc. , ont fait ouvertement l'apologie de la religion des Grecs et des Romains , et l'ont préférée au christianisme. Alors la littérature devint païenne , et l'on méconnut toute autre beauté ; on profana la gloire des auteurs chrétiens les plus célèbres. « Sans parler « de l'abîme , dit l'auteur du Génie du Christianisme , où « ces principes nous ont plongés , les conséquences immé- « diates de cette haine contre l'Evangile furent un retour « plus affecté que sincère vers ces dieux de Rome et de la

et, par une contradiction intrinsèque et nécessaire, détruire Dieu d'une main, et de l'autre diviniser tous les êtres : de là les personifications de la Force, du Commerce, de l'Agriculture ; les fêtes patriotiques et l'introduction du culte de la déesse *Raison*, dont on prenait l'emblême et le simulacre dans une prostituée (1).

« Grèce, auxquels on attribue les miracles de l'antiquité.
« On ne fut point honteux de regretter ce culte qui ne faisait
« du genre humain qu'un troupeau d'insensés, d'impudiques
« ou de bêtes féroces. On dut nécessairement arriver de là
« au mépris des écrivains du siècle de Louis XIV, qui ne
« s'élevèrent toutefois à une si haute perfection que parce
« qu'ils furent religieux. » (*Introduction.*)

(1) La fête de la déesse *Raison* fut célébrée le 16 novembre 1793, dans la métropole de Paris. Pierre-Gaspard Chaumette en fut l'auteur. Né à Nevers, l'an 1763, d'un père cordonnier, il était parvenu par son mérite révolutionnaire au poste de procureur de la commune de Paris, à la place de Manuel. La déesse *Raison* était une certaine Maillard, actrice, avec un manteau à la turque sur les épaules, un bonnet rouge en tête et une longue pique à la main. On vit Paris et l'illustre sénat se soumettre humblement au culte d'une pareille idole. Dans le discours que fit Chaumette à cette fête païenne, après avoir invectivé contre le culte du vrai Dieu, en s'applaudissant comme à l'ordinaire de sa destruction, il ajouta : *Nous avons jadis offert des sacrifices à des idoles inanimées ; mais nous avons choisi un chef-d'œuvre de la nature pour la représenter (la déesse* Raison *), et cette image sacrée enflamme tous les cœurs.* On entendit

Ainsi l'homme devait nécessairement se dégoûter aussi de sa *raison*, qui ne le servait pas mieux que

un seul vœu, un seul cri s'éleva de toutes parts : « Plus de prêtres, plus de dieux, sinon ceux que la nature nous présente ! » Le président de la Convention répondit en félicitant la patrie du nouveau culte, et en déclarant la métropole de Paris temple de la Raison. Chaumette, arrêté quelque temps après, laissa la tête sur l'échafaud le 13 avril 1794, sans que la nouvelle déesse mît aucun obstacle à l'exécution de la sentence.

Un fait si singulier, si récent, si conforme à ceux de l'antiquité la plus reculée, mérite la plus grande attention. Les hommes se proposent de diviniser la *raison*, et à sa place ils divinisent quoi ? la *prostitution*. Est-ce peut-être qu'ils aient menti à eux-mêmes quand ils ont dit qu'ils divinisaient la raison, ou qu'ils aient eu une volonté impuissante, et que, tandis qu'ils se proposaient en théorie ce qu'il y a de plus élevé et de plus sublime, ils soient ensuite tombés en pratique au fond du bourbier ? Mais si leurs nobles tentatives ont échoué par impuissance, pourquoi sont-ils tombés dans cet abîme par les efforts mêmes qu'ils faisaient pour s'élever ? S'ils ne sont pas arrivés au faîte auquel ils visaient, comment n'ont-ils pas fait au moins quelques pas en haut ? S'ils étaient au moins tombés sur le penchant du précipice ! Mais ils ne sont jamais tombés si bas, que lorsqu'ils se glorifiaient davantage de monter aux régions pures et célestes, en disant qu'ils ne voulaient pas d'autre divinité que la raison. Est-ce donc que le Tout-Puissant ait voulu les humilier davantage là précisément où leur orgueil voulait monter plus haut ? S'il en est ainsi, il est vrai toutefois qu'il ne les a humiliés que par leur propre mensonge, avec lequel ils prétendent en vain couvrir leurs honteuses passions.

L'imagination pour l'exécution de son projet : c'est
pourquoi il se vengea de la raison ; il la déclara in-

Car c'est précisément lorsque les passions exercent un empire
plus tyrannique, que l'homme, irrité d'un si profond avi-
lissement, ment davantage à lui-même et aux autres, cherche
plus d'artifices pour couvrir sa propre ignominie, et in-
vente des mots non-seulement honnêtes, mais honorables
et sacrés : en un mot, il s'exalte d'autant plus lui-même,
qu'il s'enfonce davantage dans la fange des passions. Il faut
observer tranquillement ces faits perpétuels de l'humanité, et
il faut les observer avec courage, quoiqu'ils nous forcent
à un aveu bien triste ; c'est-à-dire que tel est le caractère de
nous autres pauvres mortels, que nous ne pouvons pas
nous passer des choses les plus nobles, et que néanmoins
un poids énorme nous accable et nous précipite dans les
choses les plus abjectes. Lorsque, affligés d'avoir perdu les
premières, nous sentons que nous ne pouvons rester dans
cette privation, nous recourons à l'illusion, à la fiction ; et
si cette illusion vient à nous abandonner, un horrible avi-
lissement s'empare de notre âme, nous tombons dans un désespoir frénétique. De là encore l'explication de ce phénomène,
que j'ai observé ailleurs (*Voy. Essai sur l'Espérance*, dans
les Opuscules philos., v. II, pag. 45, 46), que l'homme
adonné aux plaisirs honteux est extrêmement porté à diviniser les objets de sa passion : et ce fou, que décrit Pinel
dans le Traité médico-philosophique sur l'Aliénation mentale
(Sect. I, 1), tombé dans un délire furieux par suite de ses
dissolutions, qui voulait bâtir un temple à l'Amour, et qui
se croyait élevé lui-même au rang des dieux, n'est qu'un seul
degré au-dessus de ce qui arrive tous les jours, et que l'observation la plus familière nous présente continuellement.

capable de parvenir à la vérité, et proclama, toujours cependant avec un air de triomphe, comme

Ce qu'il y a d'important à observer, c'est l'universalité de ce fait : *Chaque fois que l'homme a voulu, par lui-même et sans le secours du vrai Dieu, s'élever à ce qu'il y a de plus excellent, on l'a vu tomber au dernier terme de l'abjection.* Eclaircissons une vérité si importante par quelque autre exemple.

L'homme ne peut pas s'empêcher de voir la beauté de la pudeur, et il en a fait une divinité. Il montrait par-là le besoin qu'il a des choses nobles et élevées; et en divinisant la pureté, il cherchait, dans cet élément divin qu'il y ajoutait, un secours pour obtenir la chasteté. Or, à quoi lui servit le simulacre de la pudeur, et à quoi le conduisirent ces rites, dans lesquels il se proposait la pureté des mœurs, et avec lesquels il se flattait de s'être réellement élevé à la vie la plus pure? — Ce culte dans le fait devint l'occasion, l'objet des plus grandes dissolutions; et l'on a horreur de lire dans Juvénal (Sat. VI) les turpitudes et les infamies que les dames romaines commettaient à l'autel et sur le visage même de la statue de cette déesse de la Pudeur. — La bonne Déesse chez les Romains n'était, selon l'observation de Joseph Bianchini (*Hist. universelle des Imag.*, XIX), que Vénus céleste ou Uranie, opposée à Vénus terrestre; et comme celle-ci présidait aux inclinations basses et corporelles, celle-là devait présider à tout ce qu'il y a de pur et de rationnel, c'était la *raison* même dégagée de tout alliage matériel. Hé bien! ne vit-on pas dans l'ancien temps la même contradiction précisément que nous avons vue de nos jours dans le culte que l'on a rendu en France à la déesse *Raison?* Ne vit-on pas qu'on se proposait une chose, et qu'on en exécuta une autre;

s'il eût passé de victoire en victoire, le scepticisme, qui arrachait de son front le diadême de roi de

qu'autre chose était le nom, autre chose le fait? Jamais dans aucun rite il n'y eut autant d'obscénités et de turpitudes que dans les mystères secrets de la bonne Déesse ; afin que l'excès de la dissolution se trouvât en effet là où en paroles et en images on ne voulait que des objets purs et nobles. Et, chose étonnante ! c'est une loi universelle des œuvres de l'homme que cette contradiction singulière entre ce que l'homme *dit* et ce qu'il *fait* quand il est séparé de Dieu. Partout où l'homme se propose et vante l'élévation des pensées et la pureté de la vertu dans un faux culte, c'est là précisément qu'il se trouve être tombé au dernier degré de la corruption et de la dissolution. Ainsi les mystères de la Raison et de la Pudeur, chez toutes les nations, ont également dégénéré en tout ce qu'il peut y avoir de plus abject et de plus honteux ; le degré de la turpitude qui a souillé ces mystères des divinités nobles et pures, a surpassé toutes les turpitudes qui ont déshonoré les mystères des autres divinités les plus méprisables. Et cet effet a toujours été constant, quoique les diverses dénominations données à ces déesses eussent multiplié les déesses mêmes ; en sorte que celle qui au commencement était unique finissait par se multiplier, et qu'on rendait à ces différentes déesses des cultes différents ; mais tous ces cultes s'accordaient dans ce caractère de turpitudes effrénées. Que l'on prenne le nom de *Vénus céleste*, on trouve dans les mystères de la déesse qui porte ce nom les mêmes impudicités monstrueuses, comme on peut le voir dans Selden (*De Diis syriis Sintagm. II*). Que l'on prenne le nom de *Déesse syrienne* (Selden, ibid.), on trouve les mêmes débordements honteux. Que l'on prenne le chaste nom

l'univers, et le plaçait infiniment au-dessous des êtres pour qui ne brille point la lumière de la vérité.

de *Cérès*, il n'en est ni plus ni moins (Voy. S. Aug., *de Civ. Dei*, VIII, et ses commentateurs. — Suet. *in Ner*. V). Que l'on prenne le nom phrygien de *Cybèle*; qui ne sait quelles dissolutions se commettaient dans les fêtes de cette déesse, qui toutefois est la même que la mère des dieux, ou la Raison ? Les auteurs païens eux-mêmes n'osent rapporter ce qui s'y faisait et ce qui s'y disait : *Pudet referre*, dit Pline, *quæ, quàm fractâ pronuntiatione dicantur; quibus, quàm teneris clamoribus excipiantur* (Liv. II, Ep. 14. — Voy. Juvén Sat. II et VI ; et S. August. *De Civit. Dei*, II et XIV). Mais comment donc trouve-t-on les impudicités les plus honteuses précisément dans le culte des divinités les plus pures ? Est-ce peut-être que les dénominations de ces divinités furent inventées uniquement pour signifier précisément le contraire de ce qu'elles exprimaient ? On serait porté à le croire en voyant le résultat de leurs cultes ; pourtant cela n'est pas, car en ce cas l'homme n'aurait pas imaginé des divinités honteuses pour les ajouter aux divinités pures et célestes. D'ailleurs, tout démontre un effort que l'homme faisait pour s'élever au vrai culte de la Pudeur et de la Raison. Dans le temple de la bonne Déesse, on allait jusqu'à voiler toute peinture immodeste :

> . . . . . *Ubi velari pictura jubetur,*
> *Quæcumque alterius sexûs imitata figuram est,*

dit Juvénal (Sat. VI, 340, 341). Les prêtres de Cybèle se faisaient eunuques. On ne permettait à aucun homme de mettre le pied dans le temple de Vénus céleste, comme l'at-

En effet, dans le second siècle après Jésus-Christ, c'est-à-dire, lorsque la superstition romaine ou plutôt la superstition universelle était à son comble,

teste Pausanias : *Ægiratæ præ cœteris Diis cœlestem Venerem colunt, in cujus œdem penetrare viris nefas est* (In Achaicis). Dans tous les sacrifices que les Athéniens offraient aux dieux spirituels et nobles, comme à la Mémoire, aux Muses, à l'Aurore, au Soleil, à la Lune, aux Nymphes et à Vénus céleste, on ne voulait pas même laisser entrer le vin, comme l'observe Palémon, parce qu'on regardait le vin comme une source de corruption ; d'où venait à ces sacrifices le nom de *Nephalia*. Mais à quoi aboutissaient tous ces rites ? On voulait le *signe* de la vertu, on n'en voulait pas la *réalité*. Et si le *signe* était tel qu'il coûtât quelque privation, on ne le voulait pas même, et on lui substituait une fiction, comme on fit avec le vin dans les mystères de la bonne Déesse : comme on ne voulait pas souffrir cette privation, on y portait le vin, mais sous le nom de lait, conformément à ce perpétuel esprit de mensonge qui était la source de toutes les extravagances de l'idolâtrie (Voy. Plut., Probl. XIX. — Macrob., Saturn. I, 85. — Juvén., Sat. II). Afin de voir encore plus manifestement ce monstrueux alliage de deux extrêmes contraires, c'est-à-dire en théorie la connaissance d'une certaine décence et du prix des choses nobles et pures, et dans le fait la pratique de toutes les obscénités, là même où l'on veut honorer les choses élevées et spirituelles et se glorifier de les avoir obtenues, il faut encore observer ce qui arrivait dans les mystères d'Isis, déesse qui en Egypte correspondait à Cybèle en Phrygie, à Vénus céleste en Egire, à la bonne Déesse à Rome, etc. ; puisqu'elle n'était autre chose que la sagesse ou la raison humaine symbolisée sur la terre, comme

lorsque l'épicuréisme avait pour ainsi dire épuisé ses forces, on vit Sextus réduire en système régulier

j'aurai peut-être occasion de le montrer amplement ailleurs. Or avec cette déesse on voulait honorer tout ce qu'il y a de plus noble, et l'on ne manquait point des idées de décence dont on voyait que son culte devait-être rempli. Il suffit de dire que l'on faisait même la tentative de maintenir cette décence; car c'était un usage prescrit que les femmes s'abstinssent de cohabiter avec leurs maris les neuf nuits qui précédaient les fêtes de cette déesse (Voy. Dempster, sur le ch. XXII de Rosin, *Antiquit. Rom.* II). Mais quoi! le moindre mal était que cette idole monstrueuse à tête de chien, Anubis, représentée par un de ces prêtres furieux d'Isis, qui couraient par les chemins et par les maisons comme des maniaques, dispensait bientôt les femmes de cette abstinence au nom de la déesse, recevant en récompense une oie grasse et une tourte; et le pis était que cette abstinence se changeait en une *fiction* des femmes pour rester loin de leurs maris en pleine liberté, sur quoi Ovide a soin de leur donner des conseils (L. I *Amor.*, *Eleg.* VIII). Mais finalement les mystères d'Isis et ses temples étaient-ils plus chastes que ceux des autres déesses, dans lesquelles l'homme avait divinisé la raison et la pudeur? Il suffit de dire que le grand maître Ovide (*De Arte*, L. I) envoie ses disciples aux fêtes et aux temples de cette déesse comme à une école qui leur convient parfaitement; et, dans le Liv. II des Amours (*Eleg.* II), quand il veut persuader à un esclave de cesser de garder la pudeur de sa maîtresse, il lui insinue qu'il ne doit point s'informer de ce qui se fait dans les mystères d'Isis : on y faisait tout ce qu'on peut imaginer de plus honteux et de plus obscène (Voy. Juvén. Sat. II et VI).

Nec tu linigeram fieri quid possit ad Isim
Quæsieris.

la doctrine de Pyrrhon, déjà suivie dans la pratique ; car on peut dire qu'à cette époque toutes

Cet énergique *quid possit* a été imité par le Dante dans
ces vers :

> « *Non era giunto ancor Sardanapalo*
> « *A mostrar ciò che in camera* si puote. »

C'est donc un fait bien digne d'observation et bien singulier
que là où l'homme *disait* et prétendait honorer les choses les
plus nobles jusqu'à les diviniser, c'est là précisément où il
venait échouer contre les passions les plus viles et les plus
ignobles ; et ce fait est universel dans toutes les religions
fausses, dans tous les pays et dans tous les temps, à com-
mencer par les Chaldéens et par les Egyptiens jusqu'aux Fran-
çais de ces derniers temps.

Quoique le caractère du culte de la Pudeur et de la Raison
soit le dernier terme de la corruption, toutefois il est certain
que tous les cultes des autres divinités étaient aussi souillés
par l'impureté, et il semblait qu'il était impossible d'avoir
l'élément divin séparé de l'élément brutal ; en sorte que, après
avoir perdu l'idée du vrai Dieu, l'homme était dans la dure
nécessité d'un côté d'imaginer une divinité, et de l'autre de
la déshonorer par toute sorte d'obscénités ; d'un côté de
s'élever à ce qu'il y a de plus spirituel et de plus sublime, et
de l'autre de descendre à ce qu'il y a de plus bas et de plus
charnel. Chose étonnante ! d'un côté, il est impossible de penser
à l'Etre divin, sans que les idées les plus pures se présentent
en même temps à l'esprit ; d'où résultent cette opinion universelle et ces chastes rits que Tibulle exprime dans ces
beaux vers :

> *Vos quoque abesse procul jubeo, discedite ab aris,*
> *Queis tulit hesternâ gaudia nocte Venus ;*

les vérités fondamentales avaient disparu des esprits ; et ce philosophe ne contribua pas peu à
répandre cette doctrine, et à affermir les hommes
dans cet état de désespoir intellectuel (1).

Mais l'homme ne peut pas rester dans cette extrémité, et, au défaut de sa raison ou malgré la rai-

Casta placent Superis, purd cum veste venite,
Et manibus puris sumite fontis aquam ;
(Lib. II, Eleg. I.)

d'un autre côté, malgré tous ces sentiments élevés que la
nature inspire aux hommes, et malgré ces beaux emblèmes
dépeints par Tibulle et établis pour les exprimer, chaque
temple finalement était devenu un repaire de prostituées ;
de là l'interrogation de Juvénal :

Nam quo non prostat femina templo ? (Sat. IX.)

Mais finissons cette note déjà trop longue. Je laisse aux
lecteurs attentifs le soin d'approfondir le mystère de ce
grand fait, que partout où l'homme a tenté de s'élever par
lui-même à ce qu'il y a de pur, de noble et de divin, c'est là
précisément qu'il a laissé voir plus de faiblesse et de corruption.

(1) Lorsque Epicure et Pyrrhon parurent dans la Grèce,
on avait déjà parcouru l'échelle entière des superstitions et
des vices ; et ces deux philosophes exprimèrent l'état de
l'humanité dans ce pays, et en même temps en achevèrent
le développement. Le cours que l'humanité avait fait en Grèce
dans son développement, fut le même que celui qu'elle suivit
plus tard dans l'empire romain, qui renfermait tout le
monde civilisé ; et il ne pouvait pas être différent, parce que
la nature humaine est partout la même.

son, l'invincible nature le force de retourner en arrière, et de chercher quelque part un remède contre cette pensée insupportable et désespérée de ne pouvoir en aucune manière posséder la vérité, pensée qui est la cessation de l'intelligence et l'anéantissement de la nature humaine. C'est pourquoi nous osons dire que ce dernier degré du mal fut une sorte de préparation au christianisme, dans lequel les hommes, fatigués et vaincus par la vérité, se réfugièrent comme sur une plage riante qui apparaît aux yeux des naufragés, et accueillirent la bonne nouvelle qui seule pouvait les tirer de cette angoisse mortelle et de cette insupportable lutte intérieure dans lesquelles ils s'étaient jetés eux-mêmes. La religion chrétienne mit ainsi un heureux terme à la première grande période de la misérable histoire de l'humanité.

Mais si la réalité a ainsi triomphé de la fiction, et la miséricorde divine de la présomption humaine, ce n'est pas cependant que le germe de cette présomption et de ce mensonge fût extirpé ou arraché du cœur de l'homme : il y était émoussé, il y était comprimé ; mais toutefois il y vivait, et il y vit toujours en racine, tant que l'homme même vit dans cette chair mortelle : car si l'Evangile a planté dans l'homme une racine nouvelle et plus vigoureuse que cette racine antique et funeste, cependant à côté d'elle se trouve, peut-être flétri et affaibli mais toujours vivace, le rejeton de l'antique racine empoisonnée, qui ne peut être détruite complètement qu'avec la destruction du corps humain, mais qui ne peut point se corriger ni changer de nature. De là vient que même dans les sociétés chrétiennes on observe le même effort continuel de l'esprit de mensonge, qui veut produire ses fruits, et qui en cela procède selon les mêmes lois et avec les mêmes caractères que dans la société païenne ; avec cette seule différence que dans le monde chrétien le mensonge de l'orgueil commence son travail au point où il le trouve, pour le pousser plus loin ; et c'est à raison de ce nouveau point de départ, comme à raison des différentes circonstances contre lesquelles il doit lutter, ou dans lesquelles il doit trouver de l'appui, qu'il vient à changer, mais seulement d'une manière accidentelle, la marche qu'il suit dans la seconde grande période qui forme la division de l'histoire des enfants des hommes.

Le progrès de la présomption humaine pouvait marcher et a marché en effet dans le monde chrétien par deux voies, par celle de l'hérésie et par celle de la philosophie. Que prétend le dissident ou le philosophe, si ce n'est de secouer le joug onéreux de l'autorité, en ne voulant recevoir d'aucun être qui lui soit supérieur, en voulant tirer de sa seule raison individuelle sa propre grandeur et sa propre félicité ?

Ces efforts de l'esprit de mensonge reçoivent de la société chrétienne, au milieu de laquelle ils opèrent, un caractère tout particulier de raffinement et d'audace infernale, en se montrant toujours revêtus ou ornés d'une plus grande apparence de raison. Car c'est avec l'abus de la raison vieillie, pour ainsi dire, dans l'art de ruser et de feindre, que ces efforts se font aujourd'hui ; au lieu que là où la société n'est pas chrétienne, la présomption opère beaucoup plus par l'altération de l'imagination que par des arguments rationnels. La raison en est claire, c'est que le christianisme est le gardien de l'élément intellectuel parmi les hommes : de sorte que dans les sociétés chrétiennes l'intelligence est toujours vivante, toujours puissante ; et le génie du mal ne peut pas l'éteindre ni la détruire, à moins qu'il ne détruise ou n'éteigne auparavant le christianisme. Ainsi les enfants du siècle, qui avec leurs efforts diminueraient continuellement les forces intellectuelles de l'humanité, et augmenteraient sans cesse les forces de l'imagination au point d'abandonner à celles-ci l'empire de l'homme (cas où l'idolâtrie reparaîtrait indubitablement sur la terre), trouvent eux-mêmes heureusement un obstacle perpétuel qui les empêche de s'abrutir à ce point ; ils trouvent cet obstacle dans l'influence salutaire de ce christianisme qu'ils combattent : car c'est de la société des chrétiens, comme de leur maîtresse naturelle, qu'ils reçoivent ces lumières, qu'ils travaillent avec tant d'ardeur à éteindre et à détruire; c'est avec ces lumières nourries en eux et comme rallumées sans cesse par la secrète influence de la société chrétienne, qu'ils continuent de nourrir la folle espérance de parvenir à se faire grands et heureux par leurs seuls moyens naturels. Il reste toujours dans leurs tentatives, comme je le disais, un caractère d'intelligence et de lumière; or c'est précisément avec cette intelligence qu'ils reçoivent continuellement, qu'ils combattent continuellement contre la vérité; et comme ils ont toujours ouverte devant eux la source où ils peuvent puiser une nouvelle lumière, leur présomption persévère et leur illusion renaît toujours; ils ne parviennent jamais au dernier terme de dégradation vers lequel ils courent, et où, s'il leur était donné d'anéantir le christianisme, ils se précipiteraient indubitablement, c'est-à-dire dans l'idolâtrie ou dans l'état sauvage.

De là il résulte que le terme fixe auquel aboutissent les enfants d'Adam, tant qu'ils ne sortent pas totalement de la société chrétienne, prend toujours la forme d'une *doctrine philosophique*, qui n'est autre chose au fond qu'un scepticisme et un athéisme manifestes ou déguisés : ils aboutissent également à ce point, soit qu'ils partent de l'hérésie, soit qu'ils partent de la philosophie. On peut appeler ces deux systèmes les deux méthodes de l'impiété (1) : l'une s'appuie sur la seule raison individuelle ; l'autre, sur les croyances chrétiennes, mais à condition toutefois de les soumettre au contrôle de la raison même, et de les abandonner totalement à sa discrétion. Mais le monde ne peut jamais arriver d'une manière complète et stable à l'idolâtrie, quoiqu'il y tende si visiblement ; parce que, pour y arriver, il faudrait, comme je le disais, qu'après l'extinction complète des lumières de la raison, l'imagination reprît totalement l'empire de l'humanité : or la lumière immense que le système chré-

(1) A qui ne saisit pas notre pensée, nos paroles sembleront peut-être injurieuses à la philosophie. Ainsi, pour écarter de nous ce soupçon, qui serait fort sensible à notre cœur, nous ferons observer qu'ici il s'agit seulement de cette philosophie qui se corrompt elle-même ; il s'agit de cette philosophie qui, au lieu de se contenter d'être *partie* dans la perfection humaine, a la prétention d'être seule le *tout*, et le seul guide de l'homme ; de cette philosophie qui ne veut rien voir au-dessus d'elle, rien même qui soit à son niveau ; de cette philosophie enfin, qui, après avoir rejeté la religion révélée qu'elle ne comprend pas, se met à sa place, en déclarant que par-là elle fait la conquête d'une province qui auparavant lui avait été injustement ravie. Chacun voit que ces paroles peuvent à juste titre s'adresser à une certaine école philosophique de nos jours.

4.

tien verse continuellement sur la terre y met un obstacle insurmontable.

Cependant, comme le scepticisme et l'athéisme, lors de la décadence de l'empire romain, avaient jeté dans la société un insupportable malaise et une inquiétude désespérée; ainsi le scepticisme et l'athéisme du siècle dernier ont versé sur le genre humain une coupe d'amertume et de désolation, et cette désolation s'est montrée avec les symptômes les plus mortels pour la société, qui, inquiète encore aujourd'hui, se plaint et s'agite comme un malade :

« *Che non può trovar posa in sulle piume*,
« *Ma con dar volta suo dolore scherma* (1). »

Et pareillement, comme sur le déclin de l'empire romain il sembla que le genre humain, même par le besoin de sortir, d'une manière quelconque, de cet état insupportable, sans vérité et sans Dieu, où s'éteint la vie intellectuelle, se jeta avec plus d'ardeur dans le christianisme naissant et tout éclatant de lumière; ainsi l'incrédulité du dernier siècle a ramené, à force de convulsions et d'angoisses, à de meilleurs sentiments le siècle actuel, où les hommes commencent à apprécier avec plus d'équité leur religion et s'y attachent plus étroite-

(1) *Dante Purgatorio*, *VI*.

ment. Et ils n'abandonnent pas seulement les voies de l'incrédulité, où ils couraient comme des furieux; mais ils laissent encore les voies de l'hérésie, qui les avait réduits à la même extrémité. Il faut attribuer à cette cause la décadence évidente et le discrédit des sectes dissidentes du catholicisme, cette dissolution du protestantisme qui a péri de lui-même, et ce retour de tant de noms illustres au sein de l'antique religion de leurs pères. Ce ne sont pas seulement ceux qu'une bonne volonté aide et porte au bien qui se sont mis à estimer davantage la religion; mais l'expérience de tant de siècles semble avoir convaincu tous les hommes sans exception qu'ils ne peuvent pas vivre sur la terre, et qu'ils ne peuvent réussir dans aucun de leurs projets sans la croyance en un Dieu.

C'est là l'aveu de ceux mêmes qui restent plus éloignés que jamais de l'Eglise catholique; c'est l'aveu d'un homme qui de l'hérésie avait passé à l'incrédulité, comme il nous le raconte lui-même, et à qui il a été impossible de persévérer dans l'incrédulité; je veux dire de M. Constant, qui, dans son ouvrage, proclame dans les termes les plus énergiques l'invincible besoin que l'homme a d'une religion. Oui, ce fait universel que nous avons décrit jusqu'ici, le fait que l'humanité n'a jamais pu subsister, malgré ses nombreuses tentatives, sans la croyance en une divinité, ne peut

plus désormais être dissimulé par les enfants des
hommes. La philosophie de l'athéisme a tout de
nouveau manqué complètement à ses promesses,
et M. Constant le déclare ingénument en parlant
ainsi des effets qu'elle a produits de nos jours sur
la terre :

« L'homme s'applaudit d'avoir secoué tous les
« préjugés, toutes les erreurs, toutes les craintes;
« et les craintes, les erreurs, les préjugés sem-
« blent déchaînés. On a proclamé l'empire de la
« raison; et l'univers entier est saisi d'une sorte de
« délire. Tous les systèmes se fondent sur le cal-
« cul, se tournent vers l'intérêt, permettent le
« plaisir, recommandent le repos; et jamais les
« égarements n'ont été plus honteux, les agitations
« plus désordonnées, les douleurs plus aiguës.
« —L'homme, sorti vainqueur des combats qu'il a
« livrés, jette un regard sur le monde dépeuplé de
« puissances protectrices, et reste effrayé de sa
« victoire. L'agitation de la lutte, l'idée du péril
« qu'il aimait à défier, la soif de conquérir des
« droits contestés, toutes ces causes d'exaltation
« ne le soutiennent plus. Son imagination, na-
« guère tout occupée de l'incertitude du succès,
« maintenant oisive et comme déserte, retombe
« sur elle-même. Il se trouve seul sur une terre
« qui doit l'engloutir. Sur cette terre, les généra-
« tions s'en vont passagères, fortuites, isolées;

« elles apparaissent, elles souffrent, elles meurent;
« il n'y a entre elles aucun lien. Une voix ne vient
« point des générations qui ne sont plus aux gé-
« nérations qui vivent, et la voix des générations
« vivantes doit bientôt se perdre dans un silence
« éternel. Que fera l'homme sans souvenirs, sans
« espérances, entre un passé qui l'abandonne, et
« un avenir fermé devant lui ? Ses invocations
« ne sont point entendues, ses prières sont sans
« réponse. Il a rejeté tous les appuis dont ses pré-
« décesseurs l'avaient environné, et *il s'est réduit*
« *à ses propres forces*. C'est avec ces forces qu'il
« doit affronter la satiété, la vieillesse, le re-
« mords, la multitude des maux qui l'accablent.
« Dans cet état violent et contre nature, ses ac-
« tions donnent un démenti perpétuel à ses rai-
« sonnements, ses terreurs sont une expiation
« constante de ses vaines forfanteries. On dirait
« qu'il est frappé d'un double vertige : tantôt in-
« sultant ce qu'il vénère, tantôt tremblant devant
« ce qu'il a foulé aux pieds.

« Une loi éternelle qu'il faut reconnaître, quelles
« que soient nos opinions sur d'autres questions
« selon nous insolubles (1), une loi éternelle sem-

---

(1) Le désespoir de connaître la vérité est toujours au fond
de la pensée de cet écrivain. Mais s'il désespère de connaître

« ble avoir voulu que la terre soit inhabitable
« quand une génération entière ne croit plus
« qu'une puissance sage et bienveillante veille sur
« les hommes. Cette terre séparée du ciel devient
« une prison pour ses habitants, et le prisonnier
« frappe de la tête contre les murs du cachot qui
« le renferme (1). »

Vous l'avez entendu, Messieurs ; ces paroles sont mémorables ! L'homme, finalement, est donc convaincu tout de nouveau par la force des faits, avec laquelle Dieu a coutume de réfuter ses sophismes, l'homme est donc convaincu d'une vérité qui avait été contestée jusqu'à ces derniers temps par la philosophie ; c'est-à-dire, *qu'il ne peut pas se passer de la Divinité, et qu'abandonné à ses propres forces, il ne trouve que le malheur, le désespoir.*

En rendant une si grande vérité évidente et palpable, Dieu a, pour ainsi dire, pris un poste fort : il s'avance de cette manière et gagne peu à peu du terrain ; il va accomplissant le grand œuvre promis par Job, celui d'étendre son royaume jusqu'aux extrémités de la terre et d'en faire disparaître les impies (2).

la vérité, d'où tirera-t-il une *vraie* consolation dans ses peines ? est-ce des imaginations qu'il sait n'être pas *vraies* ?

(1) Liv. II, chap. 2.

(2) Chap. 38.

Mais quoi donc ! quel parti prendra l'homme ainsi convaincu, par les malheurs infinis et par les espérances déçues de six mille ans, du besoin qu'il a de Dieu ? Ne dirait-on pas qu'il va abandonner la voie du mensonge et du malheur, qu'il se tournera finalement vers son Dieu, qu'il se jettera dans ses bras comme dans l'unique port du salut, puisque Dieu est la source perpétuelle de son existence ? Ne vous y attendez point. Ah ! dois-je le dire ? il recourra de nouveau à une fiction. Convaincu qu'un système purement philosophique est intolérable à sa nature, qu'un système religieux lui est indispensable, l'homme, avec un aveuglement digne des plus profondes méditations, se flattera toutefois que les apparences de toutes ces choses doivent lui suffire. Ainsi il prendra le parti insensé de garder son système philosophico-athée, et d'en couvrir seulement la nudité honteuse de paroles et et de formes religieuses. Elle est pourtant bien étrange et bien inconcevable cette illusion toujours renaissante qui fascine l'homme et lui fait croire si aisément la plus grande des absurdités, c'est-à-dire, qu'à la place de l'objet dont il a besoin, il lui suffit d'en avoir un simulacre, un nom, une imagination fixe (telle que peut être l'imagination du faux) qui lui dise qu'il possède cet objet : comme si quelqu'un concevait le fol espoir de faire disparaître et de guérir une large blessure en se contentant de la couvrir, de ne pas la regarder, ou en s'imaginant qu'elle n'existe pas.

C'est par cette route que M. Constant s'achemine dans son pénible voyage, et il regarde comme une voie nouvelle une voie qui néanmoins est toujours la voie antique (1).

Comme les premiers hommes, après avoir abandonné Dieu, se créèrent des idoles; de même B. Constant commence par rejeter le vrai Dieu (2), puis il

(1) Le principe de Benjamin Constant est de rejeter tout ce qui est surnaturel dans le *mode de manifestation*. Cependant il laisse dans le doute la question de savoir si les lois de la nature sont venues d'un principe surnaturel, et en ce sens il dit qu'il ne s'oppose point à celui qui admet une origine surnaturelle de la religion. Mais cela ne suffit pas à l'homme ; **il a besoin d'un** *objet surnaturel*, qui ne peut se manifester que d'une *manière surnaturelle*. Tout ce que présente la nature est limité, et le besoin de l'homme est de sortir du limité, et d'en sortir non en imagination seulement, mais **en réalité**, c'est-à-dire par une communication réelle avec l'infini.

(2) Voici comment M. Constant efface d'un trait de plume toute la révélation, et tout le positif de la religion. « La « religion, dit-il, dans son essence n'est liée à aucun temps, « et ne consiste pas dans des *traditions transmises d'âge en* « *âge*. Elle n'est pas resserrée dans des bornes fixes imposées aux générations qui se succèdent d'une manière « toujours uniforme. Elle marche au contraire avec les temps « et avec les hommes. Chaque période a ses prophètes et ses

se met à en fabriquer un faux et illusoire. Ces deux mots en effet résument tout son volumineux ouvrage sur la religion, dont nous avons entrepris l'examen. Et ne regardez point ce que j'avance comme étrange et à peine croyable : daignez me suivre dans ma discussion avec l'attention que vous avez eu la bonté de m'accorder jusqu'ici, et vous resterez pleinement convaincus qu'en ôtant les voiles de l'érudition et de l'éloquence qui recouvrent et enveloppent les idées de notre auteur, en laissant encore de côté les digressions savantes et souvent ingénieuses dont il embellit son livre et avec lesquelles il récrée ses lecteurs, le fond de sa pensée étant mis à nu, on n'arrive pas à d'autre

« inspirés, mais chacun parle le langage de sa période. Il « n'y a donc dans la religion comme dans l'idée de la Divinité « rien d'historique quant au fond, mais tout est historique « quant aux développements. » (*Liv. I, ch.* 9).

Les arguments dont se sert Benjamin Constant pour prouver que la religion n'est pas traditionnelle, n'ont aucune force. C'est plutôt la thèse opposée à celle de M. Constant qui est vraie, c'est-à-dire que dans le *fond* la religion est traditionnelle et toujours immuable, et que seulement quelques-uns de ses *développements* se produisent successivement, et sont pour ainsi dire abandonnés aux hommes par la Providence. Du moins cette thèse est incontestable en ce qui concerne la vraie religion, et celle de M. Constant n'est vraie qu'en partie relativement aux religions fausses. Les

résultat, on ne recueille pas d'autre fruit de ses laborieuses recherches, si ce n'est que nous devons nous résigner à la privation du vrai Dieu qu'il est impossible de connaître, et que nous devons nous contenter de ces divinités douteuses, quelles qu'elles soient, que l'on façonne comme l'on peut pour les rendre accessibles à l'esprit humain.

En effet, il commence par assurer qu'il est impossible à l'homme de trouver avec certitude le **vrai Dieu;** que l'homme, étant borné comme il

prophètes de la vraie religion ont proclamé dans tous les temps les mêmes vérités ; et si leur style a la couleur de l'époque où ils ont vécu, cette différence ne touche que les choses accidentelles. Les Livres saints admis par la religion catholique ont été écrits dans un espace de deux mille et plus d'années par des écrivains qui différaient les uns des autres par la condition et par les qualités naturelles, et surtout par les états divers où se trouvait la société à laquelle ils appartenaient ; et cependant tous enseignent une même doctrine religieuse pour le fond, et les mêmes dogmes. Au lieu d'avancer des propositions gratuites, M. Constant devait descendre de la sphère des généralités où il se perd, et venir à des faits particuliers ; il devait montrer que dans les prophètes et les inspirés de la vraie religion il y a diversité dans le *fond :* un seul *dogme* qu'il eût montré essentiellement changé chez eux par le laps du temps, eût fait triompher sa cause. Mais cela, ni M. Constant, ni personne autre n'a pu le faire. Tout est cohérent, tout est d'accord dans un si grand nombre d'écrivains qui ont paru à des époques si

l'est, il faut qu'il se résigne à son triste et malheureux sort : puisque, n'étant doué que d'un entendement trompeur, plus propre à faire des conjectures qu'à obtenir de véritables connaissances, il n'est en possession d'aucun moyen sûr, infaillible pour trouver la vérité.

Si ce moyen existait, ce ne pourrait être que la *raison* ou *l'autorité.*

Mais *la raison infaillible*, dit B. Constant, *n'existe ni dans l'homme ni pour l'homme* (1).

éloignées les unes des autres ; et l'on voit dans tous une même doctrine, un même esprit. Cela prouve jusqu'à l'évidence que *la vraie religion est traditionnelle et immuable dans le fond*, *et qu'elle n'admet de variétés que dans les accessoires ;* c'est-à-dire dans le style avec lequel elle est exposée, dans le développement plus grand que reçoit le même germe posé dès le commencement, germe qui renferme tout dans son sein.

(1) « Il n'est pas vrai qu'on puisse trouver une raison « infaillible ; il n'est pas vrai qu'il faille la trouver. Elle « peut exister dans l'Etre infini. Elle n'existe ni dans l'homme « ni pour l'homme (*Liv. I*, *chap. 3*). Tout ce qui est du « ressort du raisonnement est, au contraire, variable et « contestable par son essence. La logique fournit des syllo-« gismes insolubles pour et contre toutes les propositions. » (*Ibid.*) — Mais Benjamin Constant se réfute lui - même quand il dit : « La perfection de tous les êtres est dans la « vérité; celle de l'homme serait-elle dans l'erreur ? » (*Liv. I*, *c.* 1). On ne peut pas admettre une pareille absurdité: donc la perfection de l'homme est dans la vérité, dans l'im-

La raison ne peut rien affirmer avec certitude, il ne lui est pas accordé de s'élever au-dessus de la probabilité et de la vraisemblance. Cette raison, dont les philosophes ont tant abusé, a finalement le tort impardonnable de les avoir condamnés; cette raison, que l'homme a consultée inutilement pour

muable vérité. Or qu'est-ce que la vérité, sinon la lumière de la raison? ou qu'est-ce que la raison, si elle n'est faite pour la vérité? et si elle est faite pour la vérité, elle doit pouvoir l'atteindre; et si elle l'atteint, son progrès est fini de ce côté-là. Donc il est faux qu'il y ait des syllogismes insolubles *pour* et *contre* toutes les propositions. C'est là, il est vrai, le principe des sophistes, parmi lesquels M. Constant se place lui-même, en professant sans détour un semblable principe. Une assertion si hardie me paraît non moins contraire à la modestie que tout écrivain doit mettre en pratique, qu'à une bonne méthode de raisonnement. M. Constant n'eût pas blessé la modestie, s'il eût dit qu'en certaine matière il lui est arrivé de trouver des syllogismes *pour* et *contre*, qui ont été insolubles pour *lui*. Peut-il affirmer quelque chose de plus? sera-t-il donc vrai qu'*en toutes choses* il a rencontré des syllogismes insolubles *pour* et *contre*? Si cela était, pourquoi notre auteur a-t-il écrit tant de livres, et fait tant de discussions à la Chambre des députés? Il n'était donc pas persuadé de ses propres raisonnements, s'il voyait qu'il y avait contre eux des syllogismes infaillibles. Il n'a donc pas discuté de conviction, il n'a pas discuté pour la vérité, il n'a pas discuté pour le bien des hommes. Nous sommes bien éloigné d'imputer tout cela au célèbre député, ce serait le déclarer un homme sans conscience; mais nous ne pouvons lui attribuer

trouver la solution du grand problême d'obtenir le bonheur indépendamment de Dieu, devait être rejetée par l'homme qui a fini par s'en dégoûter; il ne reste à ce pauvre mortel que le scepticisme, où il se jette comme sur un écueil désert avec l'espérance d'un naufragé; espérance qu'il ne perd jamais, non qu'elle soit fondée, mais parce qu'il est trop effrayé de se déclarer froidement désespéré.

Quant à *l'autorité*, il n'est pas étonnant que aucune intention noble , si ce n'est à condition de déclarer le scepticisme théorique qu'il manifeste dans son ouvrage , faux et en contradiction avec tout ce qu'il a professé dans la pratique durant tout le cours de sa vie. — Au reste , je ne nie point qu'il lui ait semblé peut-être sur quelque point trouver des syllogismes *pour* et *contre*, insolubles *pour lui;* mais comment pourra-t-il affirmer que ces syllogismes étaient insolubles en eux-mêmes , qu'ils étaient insolubles pour tous les autres hommes ? Quant à ce qui concerne l'art de raisonner , il a péché contre la règle qui défend d'avancer des *affirmations gratuites*, surtout quand il s'agit de maximes générales et graves comme celle dont il est ici question. Il eût très-bien fait de produire *un seul exemple* de deux syllogismes contraires l'un à l'autre et vraiment insolubles. Si ces syllogismes eussent été reconnus par tout le monde comme insolubles , il eût fait une grande découverte; et j'accorde qu'il aurait démontré qu'il existe *un cas* de syllogismes contradictoires. Mais cependant il n'aurait pas eu droit même alors de généraliser ce cas, et de l'appliquer à toutes les questions. Toutefois ni lui ni personne autre n'a jamais pu venir à bout de cela depuis que le monde a commencé à tourner.

B. Constant, en sa double qualité de protestant et de philosophe, se montre si éloigné d'en reconnaître aucune comme infaillible (1). D'ailleurs l'autorité a le tort de conduire directement au vrai Dieu; ce qui est contre l'hypothèse du problême, puisque le problême demande *que l'on trouve un moyen de se rendre grand et heureux indépendamment du vrai Dieu.*

Les sceptiques anciens et modernes en ont fait l'épreuve, et dans l'histoire de la philosophie moderne on sait que les *antinomies* de Kant ont fait grand bruit. Mais l'insolubilité apparente des anciens et des modernes sceptiques n'a *jamais* été reconnue par le genre humain comme réelle, pas même dans un seul cas; on n'a reconnu qu'une insolubilité relative à l'ignorance de celui qui la proposait. Quant aux antinomies de Kant, elles tombent d'elles-mêmes avec le système qui leur sert d'appui, système qui ne se tient debout que comme les fantômes, au moyen d'une obscurité mystérieuse qui flatta jadis l'amour-propre et l'imagination des jeunes Allemands, et qui arrache encore aujourd'hui des paroles d'admiration à tous ceux qui ont honte de répondre franchement : *Je ne comprends pas.*

(1) « On peut dire de la raison infaillible du genre humain,
« la même chose que de la souveraineté illimitée du peuple.
« Les uns ont cru qu'une raison infaillible devait exister
« quelque part, et ils l'ont placée dans l'autorité. Les autres
« ont cru qu'il devait y avoir quelque part une souveraineté
« illimitée, et ils l'ont placée dans le peuple. De là dans les
« premiers l'intolérance et toutes les horreurs des persécu-

Ainsi l'homme ne peut pas vivre en restant abandonné à ses propres forces; et on l'accorde. Mais l'homme ne veut pas dépendre du vrai Dieu. Que fait-il donc? L'homme travaille à se persuader qu'il lui est impossible de communiquer avec le vrai Dieu, espérant de pouvoir ainsi en bannir la pensée de son esprit et le désir de son cœur; car ordinairement on ne pense pas à un objet, on ne désire pas un objet quand on le regarde comme inaccessible et impossible. Mais toutefois l'homme ne pouvait arriver jusque là, il ne pouvait déclarer Dieu

« tions contre les opinions; de là pour les seconds les lois « tyranniques et tous les excès des fureurs populaires. L'au-« torité religieuse a dit : Ce que je crois est vrai, parce que « je le crois ; donc ceux qui le nient sont coupables. Le « peuple a dit : Ce que je veux est juste, parce que je le « veux ; donc tous doivent s'y conformer ; dont j'ai droit « de punir ceux qui me résistent. — Il n'y a pas de raison in-« faillible, il n'y a pas de raison illimitée. L'autorité peut « se tromper comme tout homme isolé, et quand elle veut « imposer les dogmes par la force, elle est aussi coupable « que le dernier individu sans mission. » (*Liv. I, III*). Que l'on me permette ici une observation accessoire sur ce passage. Un homme préoccupé d'un fort préjugé tombe dans les erreurs les plus manifestes sans s'en apercevoir, lors même qu'il est doué d'un grand talent. Cela se vérifie tous les jours, lorsque les protestants se mettent à raisonner sur le catholi-cisme, qu'ils ne connaissent pas parce qu'ils ne veulent pas se donner la peine de l'étudier, et lorsqu'ils écrivent sur la

impossible à trouver qu'à une condition fort dure,
à condition de se couvrir de honte et d'ignominie,
d'abdiquer et de détruire en lui la plus belle prérogative, cette prérogative sublime par laquelle il
est homme et roi de la création, je veux dire la
raison et l'intelligence; car, tandis que cette lumière
vit et brille dans son sein, Dieu, qui est la source
de cette lumière même, ne pouvait que lui être
trop bien connu. Or voici à quel terme malheureux il se trouvait réduit : il devait opter entre la
douleur de croire possible pour lui l'accès auprès du
vrai Dieu et la douleur de se dégrader et de s'abrutir
lui-même, en renonçant à tout ce qu'il a d'excellent, à la raison. Mais en même temps il était bien

religion catholique et contre elle sans bien s'assurer des faits.
Voilà M. Constant, qui certes n'est pas un esprit vulgaire,
et qui veut nous donner à entendre que l'intolérance est une
conséquence nécessaire d'une autorité infaillible ! Peut-on
tomber dans une pareille bévue ! Jésus-Christ se croyait sans
doute infaillible, et cependant il n'était pas intolérant. Il a
dit à ses Apôtres : *Je vous envoie comme des brebis au milieu des loups.* Cela est tout autre que de ne pas tolérer,
c'est être victime de l'intolérance. Il y a plusieurs erreurs
dans le discours de M. Constant. 1° De ce qu'il y a une autorité infaillible, il ne s'ensuit pas que tous les hommes
soient obligés de l'écouter, mais ceux-là seulement qui la
connaissent comme telle. 2° Supposé que ces derniers soient
obligés par leur propre conscience à croire à l'autorité qu'ils
reconnaissent comme infaillible, il ne s'ensuit nullement

décidé à ne vouloir être redevable de sa grandeur
et de sa félicité qu'à lui-même. Que fera-t-il donc?
Il embrassera le second parti, qui est pour lui
moins dur et moins désagréable que le premier; il
déclarera que la raison et l'autorité sont également
des guides incapables de le conduire à la certitude.
Mais en même temps il est convaincu, malgré lui,
qu'il lui est absolument impossible de vivre sans
quelque divinité. Hé bien! il supplée au défaut volontaire de ses facultés intellectuelles, incapables de
trouver le vrai Dieu, en inventant quelques divinités
douteuses, qu'il croit gratuitement; en recourant à
des illusions, à des rêves! Voilà la marche des idées

que leur obligation soit du nombre de celles qui sont de
nature à être sanctionnées par des peines corporelles. On
n'applique pas à toutes les fautes morales la sanction extérieure et temporelle, mais seulement à celles qui blessent les
droits des autres membres de la société civile, en leur cau-
sant quelque tort, tort contre lequel on cherche une défense
par les peines extérieures. 3° L'Église catholique ne raisonne
pas et n'a jamais raisonné comme Benjamin Constant; ses
droits sont positifs, ils sont ni plus ni moins ceux qu'elle a
reçus de Jésus-Christ. Ainsi, lors même qu'il sera prouvé que
son divin fondateur lui a conféré une autorité infaillible, il
ne sera pas encore prouvé qu'elle a le droit d'infliger des
peines temporelles; mais ce droit devra lui-même être
prouvé d'une manière positive. 4° Enfin, si M. Constant avait
cherché à acquérir des notions exactes sur l'Église catholique,
il aurait appris bien aisément qu'elle ne s'attribue d'autre

de notre auteur fidèlement décrite; c'est là tout le grand système de M. Constant.

Arrivé à ce point, je crois, Messieurs, avoir rempli la principale partie de la tâche que vous m'avez imposée. Car, après vous avoir mis sous les yeux, en réduisant tout à sa plus simple expression, la doctrine et l'esprit de l'ouvrage *sur la Religion,* je me persuade qu'il n'est pas difficile maintenant d'en porter un jugement exact, et qu'il n'y a personne

droit de sanction ici-bas, si ce n'est premièrement celui d'imposer des *pénitences,* c'est-à-dire des peines qui sont reçues *volontairement* de la part des coupables; secondement, elle ne prétend à ce droit qu'envers les chrétiens, c'est-à-dire envers ceux qui ont déjà reçu le baptême, et qui par-là se sont rangés sous son obéissance; sans s'attribuer nullement le droit de contraindre les infidèles de vive force à embrasser la foi, qui étant intérieure et même étant un don de Dieu, ne peut jamais être contrainte; troisièmement enfin, à ceux pour qui ne suffisent pas les peines ordinaires l'Eglise ne réserve pas d'autre peine que l'*excommunication,* peine naturelle qui se trouve dans toute société : car chaque société rejette de son sein les membres qui ne veulent pas absolument en observer les lois.

Au reste, M. Constant, quoique protestant, ne reconnaît pas même l'infaillibilité des saintes Ecritures, comme on peut le voir dans le Liv. Ier de son ouvrage; et cela par la raison que les protestants, plus ils sont modernes, plus ils sont protestants, parce qu'ils sont soumis à la loi du progrès indéfini et continuel !...

qui puisse mieux le faire que vous. Cependant je vous prie de vouloir bien me permettre d'ajouter encore à l'exposition de sa doctrine un petit nombre d'observations que je soumets à votre jugement.

J'observe d'abord que si notre auteur n'a à présenter à l'homme qu'un pareil projet, on ne voit point ce qu'il lui propose de nouveau. Est-ce donc là une nouvelle invention? n'est-ce pas au contraire uniquement ce que l'homme a fait dans tous les siècles jusqu'au nôtre, et qui lui a si mal réussi? Le raisonnement de M. Constant n'est-il pas parfaitement semblable à celui des idolâtres qui se résignaient à adorer les idoles de pierre, de métal, de bois, comme des expressions de la Divinité, précisément, disaient-ils, parce que cette Divinité s'est soustraite à nos yeux, parce qu'elle s'est totalement cachée à nos regards? Quelle différence y a-t-il, excepté dans les formes un peu plus grossières, ou un peu plus raffinées, entre le système de B. Constant et celui qu'Ovide expose dans les vers suivants :

Felices illi, qui non simulacra, sed ipsos,
Quique Deûm coram corpora vera vident.
Quod quoniam invidit nobis inutile fatum,
Quos dedit ars votis, effigiemque colo :

Sic homines novere Deos , quos arduus œther
Occulit ; et colitur pro Jove , forma Jovis (1).

Oui, Messieurs, sa doctrine est ancienne, il n'y
a de nouveau que l'exposition ; mais c'est en cela
précisément que consiste la perpétuelle illusion de

(1) On ne doit pas être étonné, après cela, si Benjamin
Constant se montre en plusieurs endroits très-favorable au
polythéisme, et s'il élève les vertus païennes même au-
dessus des vertus chrétiennes. « Les Grecs , dit-il, ont été
« libres, éclairés et heureux. Les Romains, malgré leur soif
« de conquêtes , fruit d'abord de la nécessité, ensuite de l'ha-
« bitude et de l'amour du pouvoir , et malgré l'atrocité trop
« fréquente de leur politique extérieure , nous offrent le
« modèle de l'homme perfectionné , de ses facultés, de son
« courage, de son patriotisme, de toutes les vertus mâles et
« grandes, portées peut-être au-delà de tout ce que nous
« pouvons concevoir aujourd'hui. La religion qui avait tant
« d'influence sur ces deux peuples, et qui par conséquent
« dut contribuer à leur perfectionnement , ne peut-elle pas
« être regardée comme un bienfait de la Providence ? Cette
« Providence, à laquelle on devrait attribuer ces révélations
« successives, ne se montre-t-elle pas à nous sous des formes
« dignes de sa justice et de sa bonté ? N'est-il pas doux de
« voir cette bonté et cette justice veiller sur la liberté d'Athè-
« nes, sur le patriotisme de Sparte, sur le patriotisme de
« Rome république ; inspirer Socrate, encourager Timo-
« léon, appeler à elle Caton d'Utique ; armer, soutenir la
« fermeté de Sénèque ? » (*Liv. I*). Ce passage où l'auteur
justifie jusqu'au suicide , en l'attribuant à la Providence, n'a
pas besoin de commentaire.

l'homme : il revêt ses projets d'élévation d'une étoffe recoupée et recousue à la moderne, puis il ne s'aperçoit plus que ces projets sont les mêmes que ceux qui ont échoué tant de fois. Il les croit nouveaux, et se ranime à leur aspect; il met encore sa confiance dans de nouvelles espérances qui s'évanouissent comme les précédentes: c'est ainsi qu'il demeure dans une perpétuelle illusion. Au reste, il suffit de dépouiller de leur nouvel accoutrement tous ces systèmes, et de les considérer à nu, pour voir qu'ils ne sont ni plus ni moins que les systèmes anciens qui ont si complètement échoué.

Mais jetons un coup d'œil, si vous voulez bien me le permettre, sur ces nouvelles formes dont notre auteur revêt et embellit le vieux plan; et, en admirant ce qu'il y a en elles d'ingénieux, gémissons sur cette dépense inutile.

M. Constant abandonne la voie de la raison, parce que, comme il l'avoue ingénument, elle a été tentée sans succès. Mais, hélas! où irons-nous donc, si nous commençons par abandonner la raison, et si nous en sommes venus à ce point de n'avoir ni honte ni horreur de faire une révélation si importante, que dans notre discours nous ne suivons plus cette lumière qui doit éclairer l'homme, la raison? Où en est donc venu un protestant, c'est-à-dire un homme qui, par le système de sa croyance et par celui de son éducation, met en

principe que la seule raison individuelle a le droit
de juger de toutes choses, et de prescrire à l'homme,
tout ce qu'il doit croire et tout ce qu'il doit faire ?
Grand Dieu! est-il possible que M. Constant (un
homme qui prétendait certainement ne pas dérai-
sonner) ait pris en telle aversion le protestantisme,
jusqu'à venir nous dire qu'il croit devoir désormais
abandonner le raisonnement? Mais quelle confiance
mériteront donc ses discours, quel crédit don-
nera-t-il à ses doctrines en les déclarant dépour-
vues de raison, en nous protestant ouvertement et
sans détour que ce qu'il nous dit n'est point une
déduction de la raison? Et à Dieu ne plaise que ce
soit une déduction de la raison, puisque la raison
ne mérite point d'être suivie depuis qu'elle a été
trouvée incapable, selon lui, de nous communiquer
la lumière certaine de la vérité !

Quel guide fidèle conduira celui qui a abandonné volontairement ou qui a malheureusement
perdu la raison ? B. Constant recourt au sentiment (1), à un sentiment inconnu jusqu'ici et dé-

(1) M. Constant établit une lutte perpétuelle entre la *raison*
et le *sentiment*. « Cette tendance (d'un noble sentiment)
« produit souvent en nous un grand désordre : elle nous
« détache de nos intérêts, elle nous force à croire malgré
« nos doutes, à nous affliger au milieu des fêtes, à gémir au
« sein de la félicité ; et il est digne d'observation que des

couvert seulement de nos jours, à la nature même de l'homme dans laquelle ce sentiment est inné ; et

« traces d'une semblable disposition se retrouvent dans toutes
« nos passions nobles et délicates. » (*Liv. I*).

Mais, après avoir mis le sentiment en contradiction avec la raison et la logique, M. Constant (et ici on voit l'abandon de la logique) se met à chercher si le sentiment dit vrai ou faux. Il incline à croire qu'il nous dit la vérité, mais il n'ose pas l'affirmer ; il semble vouloir dire que cela importe peu. Voici ses paroles : « En plaçant le sentiment religieux dans « une sphère plus élevée, mais dans la catégorie de nos « émotions les plus profondes et les plus pures, nous sommes « loin de rien prononcer contre la réalité de ce qu'il révèle « ou de ce qu'il devine. » (*Liv. I*). Quelle réserve dans ces paroles ! il se borne à ne rien prononcer, toujours sur les traces de la philosophie de l'Allemagne, qui, sur les choses placées hors de la portée des sens, dit qu'on ne peut rien affirmer, rien nier. Néanmoins Constant se montre ailleurs un peu plus généreux ; et il se met à faire de loin des conjectures en faveur de la vérité des objets du sentiment religieux. « Si vous étiez, dit-il, au sein de la nuit sans autre « notion que celle de l'obscurité, mais en en ressentant « toutefois une certaine douleur secrète et amère ; et si tout- « à-coup dans le lointain la voûte ténébreuse venait à s'ouvrir « en lançant un jet subit de lumière qui disparût à l'instant, « ne penseriez-vous pas qu'au-delà de cette voûte opaque il « y aurait le monde lumineux, dont le désir vous agite, sans « que vous vous en aperceviez ? » (*Liv. I*). — Telles sont les laborieuses conjectures de M. Constant en faveur de la vérité et de la réalité des objets du sentiment religieux. Quelquefois cependant il préfère un système sentimental à un système, selon lui, plus conforme à la vérité. Voici des paroles cu-

cette route lui paraît nouvelle, il croit qu'elle n'a été frayée par aucun philosophe (1).

Il y a au fond de l'homme, dit-il, un sentiment

rieuses qui méritent la plus grande attention : « Observez « comment toutes les notions se groupent autour du senti- « ment religieux, et, dociles à son moindre signe, se mo- « difient et se transforment pour le servir. » Ces notions qui se modifient au gré du sentiment, sont-elles vraies ou fausses? Si elles sont vraies, en se modifiant elles deviennent néces- sairement fausses ; et si elles sont fausses, je ne sais pas comment le faux modifié devient vrai. Ainsi le discours de Benjamin Constant ne peut s'appliquer qu'aux notions tota- lement fausses, ou du moins fausses en partie. — *Dans la croyance ancienne* (c'est-à-dire dans le paganisme), *que la philosophie avait subjuguée* (la philosophie n'a jamais sub- jugué le paganisme, c'est l'Evangile seul qui l'a vaincu), *l'homme était rabaissé au rang d'un atome dans l'im- mensité de cet univers. La nouvelle forme* (le christianisme) *lui rend sa place de centre du monde. Il est en même temps l'œuvre et le but de Dieu. La notion philosophique est peut- être plus* VRAIE *; mais combien l'autre est plus pleine de chaleur et de vie! et sous un rapport elle a bien aussi sa vérité plus haute et plus sublime* (Liv. I). Mais d'abord il n'y a pas le *plus vrai* et le *moins vrai ;* il n'y a que le *vrai* et le *faux.* Ensuite, si cette notion que Benjamin Constant appelle philosophique , était plus vraie, comme il le dit, n'est- il pas certain qu'il faudrait la préférer à l'autre , sous peine pour l'homme de renier sa propre nature faite essentielle- ment pour la *vérité* , et non pour les *chimères?*

(1) Avant Benjamin Constant , le même système pour le fond a été proposé par Kant dans l'ouvrage intitulé : *Religio intra terminos solius rationis;* et beaucoup d'auteurs alle-

qui le porte vers une religion : loi primordiale de
sa nature , il ne se déduit d'aucun principe anté-
rieur, il n'admet aucune explication (1) ; il est

mands suivent cette opinion. Il est curieux d'observer comment Constant n'a fait aucune mention des sources où il a
puisé ses doctrines. Dans le chap. 6 du Liv. I , où il expose
les divers points de vue sous lesquels on a considéré la religion jusqu'ici, il en avait l'occasion très-favorable ; mais il se
garde bien d'en dire le moindre mot. Est-ce peut-être que
l'originalité lui tenait au cœur ? Mais ce désir de passer pour
original , qui le porte à cacher les pensées d'autrui, ne serait-il point une espèce d'usurpation ? ou bien serait-ce un
droit de conquête? Quoi qu'il en soit, le système de M. Constant est une conséquence nécessaire de la philosophie de nos
jours ; soit qu'on la considère dans sa première période (école
sensualiste), ou dans la seconde (école écossaise), ou dans
la troisième (école allemande). Toutes ces écoles font tout
sortir de l'homme, quoiqu'elles diffèrent en indiquant quelle
est la faculté de l'homme d'où elles tirent tout : la première
attribue tout au sens ; la seconde , à une certaine faculté in-
connue ; la troisième , à la nature humaine, mise en jeu par
certaines formes intrinsèques.

(1) Il commence ainsi son ouvrage : « L'auteur de l'Esprit
« des Lois a dit avec raison , que tous les êtres ont leurs lois,
« la Divinité comme le monde, le monde comme les hommes,
« les hommes comme les autres espèces d'êtres animés. —Il
« ne faut pas chercher à assigner des causes à ces lois pri-
« mordiales , mais partir de leur existence pour expliquer
« les phénomènes partiels.—Or si dans le cœur de l'homme
« il y a un sentiment étranger à tous les autres êtres vivants,
« qui se reproduit toujours, quelle que soit la position de
« l'homme, n'est-il pas vraisemblable que ce sentiment est

constant, il est indestructible, il tend à se répandre au-dehors, et en conséquence porte
l'homme à inventer des formes religieuses. Par
ces formes religieuses, B. Constant entend des
dogmes, des croyances, des pratiques et des
cérémonies, en un mot, tous les éléments qui
entrent dans la composition des diverses religions (1).

« une loi fondamentale de sa nature ? » (*Liv. I, c.* 1). —Tel
est, à son avis, le sentiment religieux qu'il prétend être la
source de toutes les religions. Or je prie le lecteur d'observer
ici, pour éviter toute équivoque, que je ne refuse point à la
nature humaine un sentiment religieux ; je nie seulement qu'il
puisse produire le moindre acte, sans qu'il soit précédé dans
l'homme d'une idée ou d'une notion de la Divinité. Je dis que
sans cette idée l'aptitude à ce sentiment resterait complètement inutile et ensevelie dans le cœur humain, et qu'elle ne
recevrait pas le nom de sentiment : c'est pourquoi je nie que
ce sentiment soit aveugle comme un instinct, et j'affirme
qu'il doit être éclairé par une idée, et en conséquence toujours
guidé par l'intelligence ; je nie surtout qu'il ait la vertu de
produire lui seul la religion, beaucoup moins une religion
vraie, et moins encore une religion qui suffise à l'homme.

(1) « Les dogmes, les croyances, les pratiques, les céré-
« monies, sont des formes que prend le sentiment intérieur
« et qu'il brise ensuite. » (*Liv. I*). Il est de notre devoir de
présenter ici l'explication que M. Constant lui-même donne
de ces paroles : ce qui montre qu'il pense lui-même qu'elles
ont besoin d'explication. Mais l'explication qu'il donne est-
elle suffisante ? Voyons.

« Afin qu'on ne nous accuse pas, dit-il, de nier la révé-

Mais ensuite le même sentiment, au dire de
B. Constant, se dégoûte de ses propres créations;
père cruel, il brise ces formes qu'il avait auparavant engendrées, et il les brise par la même fatale

« lation qui sert de base à la croyance de tous les peuples ci-
« vilisés, en donnant à ma phrase un sens qui lui est étranger,
« nous devons observer qu'en disant que le sentiment inté-
« rieur prend une forme et qu'ensuite il la brise nous ne
« voulons point nier que cette forme puisse lui être pré-
« sentée d'une manière surnaturelle quand il la reçoit, ni
« qu'il puisse en être affranchi d'une manière surnaturelle
« quand il la brise. » (*Liv. I, c.* 1). Cette déclaration semble
adoucir un peu ce qu'il y a de dur dans son système ; mais
comment donc a-t-il nié auparavant tout surnaturel quant
au mode de manifestation ? Pour parler franchement, il faut
savoir que les paroles citées de Benjamin Constant ne sont plus
qu'un piége qu'il tend à ses lecteurs : le *surnaturel* dont il
nous parle dans le passage cité, n'est point le *surnaturel*
dans le sens que tout le monde attache à ce mot; mais il
donne le nom de surnaturel à la manifestation naturelle du
sentiment religieux. Il est réellement en opposition avec la
croyance de tous les peuples civilisés, qui, comme il le dit ,
font de la révélation la base de leurs religions ; et toutefois
il voudrait paraître ne pas rompre avec ces croyances. C'est
pourquoi il continue en disant avec une certaine teinte de
dévotion : « Et c'est aussi ce qui est arrivé selon le récit lit-
« téral et formel de nos Livres saints. La loi hébraïque était
« divine, communiquée aux Israélites par la puissance su-
« prême qui les éclairait, et acceptée par le sentiment reli-
« gieux de cette nation. Cette loi cependant n'était bonne que
« pour un temps ; elle a été remplacée par la loi nouvelle. »

nécessité qui les lui a fait engendrer , et qui bientôt le poussera à les reproduire plus larges et perfectionnées. De là les conséquences que je vous ai déjà indiquées plus haut. Cette loi naturelle qui préside au sentiment religieux, produit ce fait que

(*Liv. I, c.* I).—Mais les choses sont prises ici trop en gros ; analysons le fait. 1° Il est faux que la loi mosaïque ait été abolie en entier ; les *dogmes* et les lois *morales* ont été conservés dans la loi nouvelle, en sorte que ce n'est que la moindre partie de cette loi qui a été changée ; savoir : la partie extérieure, cérémonielle et politique. Or Benjamin Constant range parmi les formes religieuses les dogmes et les croyances: qu'il nous prouve donc, s'il le peut, que ces formes ont été changées par l'Evangile : c'est ce qu'il devait prouver contre nous autres catholiques, qui tenons comme certain que nous possédons la même doctrine dogmatique et morale que les anciens Hébreux. 2° La partie cérémonielle et politique ne constitue pas l'essence de la religion ; ainsi la religion n'a pas changé avec l'Evangile, elle s'est seulement développée : *Non veni legem solvere, sed adimplere.* 3° Sous la loi mosaïque, il avait été prédit que la législation cérémonielle et politique n'était promulguée que pour un temps , c'est-à-dire jusqu'à la venue du Messie ; ce qui prouve que ce n'est pas un sentiment aveugle , mais un esprit possédant la connaissance de l'avenir, qui donnait cette législation *positive.* Il est donc absolument faux que le système de notre auteur ne détruise pas le récit que font les Livres saints de l'origine et des progrès de la révélation divine parmi les hommes , comme le prétend M. Constant. Au reste , il déclare qu'il dit cela en interprétant le récit des Livres saints selon le système pro-

Constant prétend voir dans toutes les histoires, c'est-à-dire que toutes les religions subissent sans cesse des changements, suivant un progrès de perfectibilité, comme toutes les autres œuvres de l'homme. (1). Et comme le sentiment religieux,

testant. « Nous pensons donc que l'idée dominante de « notre ouvrage n'ébranle aucune des bases de cette religion, « au moins telle que la conçoit le protestantisme que nous « professons, et que nous avons le droit légal de préférer à « toutes les autres communions chrétiennes. » (*Liv. I, c. 1*). Qui ignore que le moderne protestantisme n'est ordinairement que le naturalisme travesti en christianisme ? Ensuite, qu'est-ce que le protestantisme d'un sceptique ?

(1) « Nous avons dit : La civilisation étant progressive, « les formes religieuses doivent se ressentir de cette pro- « gression : et l'histoire nous a confirmé dans ce premier ré- « sultat de nos recherches. » (*Liv I, c. 7*). L'histoire démontre 1° que la vraie religion s'est toujours conservée la même quant au fond, et qu'elle a reçu seulement de nouveaux développements accessoires, renfermés toutefois virtuellement comme en germe dans son état primitif; 2° que les fausses religions sont toujours allées en se corrompant davantage : ainsi l'idolâtrie de Numa Pompilius était beaucoup moins défectueuse que celle des derniers temps de la république et des Césars ; 3° que si l'on veut considérer la religion renfermée dans l'enceinte des écoles de philosophie, le discours ne roule plus sur les religions des peuples, mais sur les opinions, assez peu sincères, de quelques individus qui voulaient se distinguer des masses. Or, relativement aux philosophes, la religion a montré tantôt un progrès vers le

parce qu'il est essentiel à l'homme, explique le besoin que l'humanité a montré avoir d'une religion dans tous les temps et dans tous les lieux, et l'inutilité des efforts de tous ceux qui ont tenté de la détruire; ainsi la nécessité où est le sentiment de se manifester par des formes extérieures, et la mutabilité essentielle de ces formes, expliquent, suivant lui, le changement de toutes les religions qui ont été, qui sont et seront sur la terre.

De là il résulte que l'homme ne doit plus s'étonner s'il ne peut se passer d'une religion, parce que c'est là une loi de sa nature, dont il ne doit pas chercher d'explication ultérieure; il ne doit pas tenter d'extirper ce sentiment, il n'en viendrait pas à bout; il doit seulement le revêtir des formes les mieux, comme du temps de Socrate, tantôt un retour vers le pire, comme au temps d'Épicure et de Julien l'Apostat. Voilà les faits dans leur intégrité.

M. Constant fixe ses regards sur le temps et le lieu du progrès; et parce que dans un point minime de l'histoire il voit le progrès, il dit qu'il y a eu progrès dans tous les temps; parce qu'il le voit dans les écoles, il affirme qu'il y a eu réellement progrès dans le monde entier. Cette manière de raisonner est bien éloignée de l'exactitude philosophique; et il faut dire que l'auteur se plaît à suivre le sentiment plutôt que la raison, dans la pratique aussi bien que dans la théorie.

plus parfaites (1), se tenant toujours prêt à aban-
donnner les anciennes, lorsque le progrès des lumières, ou, l'on dirait d'une manière plus consé-
quente, le progrès du sentiment religieux, le conduit
à inventer des formes meilleures. De cette manière
l'homme s'ennoblit lui-même, il s'agrandit et se rend
heureux. C'est le sentiment de la religion, élément

(1) Benjamin Constant fait l'apologie de toutes les formes
du sentiment religieux, parce qu'il les envisage sous le rapport de l'*utilité* et non sous celui de la *vérité*. Qui croirait
que Benjamin Constant qui parle tant de désintéressement et
de générosité, professe une philosophie qui dérive tout entière
du principe du *plaisir*? Nous ne croyons point commettre
une injustice en plaçant M. Constant dans la classe des *uti-
litaires*. Au reste, quel autre principe d'action reste-t-il à un
sceptique, sinon le plaisir, ou, ce qui revient au même,
l'utilité ? Voici d'ailleurs comment sur ce principe il juge les
formes religieuses : « Il faut distinguer le fond de la religion
« des formes, et le sentiment des institutions religieuses : ce
« n'est pas que nous prétendions dire du mal de ces formes
« ou de ces institutions. On verra dans notre ouvrage que le
« sentiment religieux ne peut pas s'en passer. On verra de
« plus, qu'à chaque période, la forme qui s'établit natu-
« rellement *est bonne et utile* : elle ne devient funeste que
« lorsque des individus ou des castes s'en emparent et la cor-
« rompent, afin d'en prolonger la durée. » (*Liv. I*). De cette
manière il justifie et condamne également toutes les formes
religieuses sans distinction, non parce qu'elles sont vraies ou
fausses, mais parce qu'elles sont utiles dans un temps et nuisibles dans un autre.

précieux de la nature humaine, qui suffit tout seul pour produire ces beaux résultats; puisque tout ce qu'il y a de noble, de grand et d'heureux pour l'homme, se trouve finalement dans les tendances religieuses et dans la communication qu'il croit avoir avec des êtres invisibles, sages et bienfaisants. Voilà les couleurs philosophiques dont B. Constant couvre et embellit le système antique, voilà les doctrines vraiment philanthropiques dont il fait présent au monde; et il se persuade d'avoir enfin résolu avec elles le grand problême, d'avoir trouvé le secret de la grandeur et de la félicité de l'homme, qui avait été cherché inutilement pendant tant de siècles !

Mais qui ne serait étonné d'une pareille persuasion, de voir qu'on attend des effets si grands, si prodigieux d'un système auquel l'épithète de *déraisonnable* convient si parfaitement, que son auteur même, pourvu qu'il consente à ne pas se contredire, doit regarder cette épithète comme honorable, après qu'il a ainsi blâmé et rejeté la raison, comme vous l'avez vu ; après qu'il a mis tout ce qu'il y a de noble et de grand pour l'homme en opposition directe avec la raison? Cependant je ne sais ce qu'il nous reste à penser ou à dire, après que nous avons dit d'une doctrine, ou d'une opinion quelconque, qu'elle est la *déraison* même, et surtout lorsque nous l'avons établi sans contradiction même de la part de son auteur. Il me semble qu'il n'est pas difficile au juge de prononcer la sentence, lorsque non-seulement il a convaincu l'accusé, mais que de plus celui-ci avoue formellement le délit.

B. Constant ne met pas seulement en principe qu'il faut abandonner la raison dont l'objet est la vérité, et suivre le sentiment qui, en tant qu'il est opposé au dictamen de la raison, ne peut avoir d'autre objet que le mensonge; mais de plus, il est conséquent avec lui-même dans plusieurs déductions et applications de ce principe.

En faisant sortir la religion de la nature humaine, il la rend *subjective*, c'est-à-dire qu'il la déclare une propriété du sujet humain. Or, si elle est une propriété du sujet humain, si elle est un produit spontané de la nature humaine, l'effet ne peut être plus grand ni plus auguste que sa cause. Donc ce Dieu de B. Constant n'est plus Dieu; cette religion qui a l'homme pour auteur (1),

---

(1) « Pénétrez dans la nature de l'homme, vous y trouverez, « en l'étudiant bien, la source unique de toutes les religions, « et le germe de toutes les modifications auxquelles elles sont « sujettes. » (*Liv. I*). L'homme n'a que la capacité de recevoir; il n'a pas la faculté de créer. Il est certain que Dieu a donné à l'homme une religion appropriée à sa nature,

n'est plus une religion : B. Constant a retenu le mot, mais il a détruit l'essence de la religion.

B. Constant nous dit que la religion est pour l'homme d'une nécessité essentielle, absolue; mais ce dont l'homme a besoin, lui demanderai-je, est-ce le son du mot religion, qui frappe son oreille? Et si ce n'est pas de ce son qu'il a un besoin si pressant, mais s'il a besoin de ce que le genre humain a toujours entendu signifier par ce mot, croyez-vous pouvoir apaiser dans le cœur de l'homme le besoin d'une chose en ne lui donnant que le mot qui l'exprime? Et si vous ne le croyez pas, pourquoi recourir au produit d'un sentiment aveugle et fatal, tel que vous l'imaginez, auquel nous devions nécessairement obéir? Si le sentiment

parce qu'il connaissait parfaitement cette nature qu'il a créée; mais de ce que l'on découvre dans l'homme une aptitude et une propension à la religion, serait-il permis d'en conclure qu'il peut la produire, que c'est lui qui l'a produite? Qui est-ce qui dira que l'œil produit la lumière, parce qu'il est créé pour la lumière, et que par un instinct naturel il la cherche partout? Qui est-ce qui dira que l'oreille produit et ébranle l'air, parce qu'elle est toute conformée pour recevoir le son? —Toutes les religions créées par l'homme n'ont été que des altérations et des contrefaçons de la seule vraie religion primitive que Dieu lui-même a donnée à l'homme.

dont vous parlez existe; si l'hypothèse de cette loi naturelle que vous introduisez tout à votre aise, et sans vous donner la peine d'en bien prouver l'existence, n'est pas une chimère; du moins il est certain que le produit de cette loi féconde, admirable, créatrice, n'est point ce que les hommes appellent religion, et vous ne pouvez pas en faire une religion en lui appliquant seulement ce mot; car la puissance de l'homme ne s'étend pas jusqu'à changer la nature des choses en dénaturant l'usage des mots. Les hommes ont appelé religion un ensemble de croyances et de devoirs qui sont imposés à l'homme, et que l'homme ne s'impose pas à lui-même; croyances et devoirs ayant pour objet un être qui, loin d'être un produit de l'humanité, est au contraire le créateur de l'humanité, est infiniment plus grand qu'elle, et la tient dans sa main avec la terre et les cieux, avec l'univers entier. A quoi se réduirait un si grand être, si l'on venait à découvrir qu'il est produit par un sentiment de la nature humaine? Quelle chimère serait-ce donc là? un infini produit par un être fini, une créature de sa créature !

De plus, si l'homme ne reçoit pas la vérité religieuse par la conviction de son intelligence, mais s'il se crée une religion par sentiment, uniquement parce qu'il en a besoin, parce qu'il ne peut pas s'en

passer, parce qu'elle germe malgré lui dans son cœur, si dans cette religion il n'y a rien que l'on puisse démontrer vrai et certain objectivement; si, par conséquent, elle ne renferme rien de moral, quelle misérable nature est-ce donc que la nature de l'homme! L'homme est un être essentiellement pervers, parce qu'il est essentiellement resserré dans le plus étroit égoïsme. Oui, c'est ce vil égoïsme que vous combattez avec tant de chaleur, que je reproche précisément à votre système. J'affirme que vous tombez inévitablement dans cet abîme par les efforts mêmes dans lesquels vous croyez prendre l'élan le plus sublime. En effet, vous dites vous-même, « qu'en rejetant le sentiment reli-
« gieux, en ne suivant d'autre règle que l'intérêt
« personnel bien entendu, l'espèce humaine se
« dépouille de tout ce qui constitue sa suprématie;
« que de cette manière elle abdique ses plus beaux
« titres, qu'elle se soustrait à sa véritable destina-
« tion, qu'elle se resserre dans une sphère qui n'est
« pas la sienne, qu'elle se condamne à un abais-
« sement contre nature (1). »

Très-bien! Tout ce qu'il y a de plus noble dans l'homme, c'est cette élévation de l'âme qui s'oublie elle-même, et s'élève au-dessus de tout intérêt per-

---

(1) Préface.

sonnel même bien entendu (1). Mais n'est-ce pas là une contradiction dans votre bouche? Quelle est, je vous le demande , la raison pour laquelle vous exhortez les hommes à suivre l'impulsion du sentiment religieux, à cultiver la piété? Est-ce par hasard la force de la vérité qui vous a été manifestée par le raisonnement? Mais, selon votre dire, on ne

(1) Les philosophes païens qui ont eu la réputation d'être les plus vertueux se sont montrés disposés à sacrifier une partie de la vérité à *l'utilité*, en se prostituant aux superstitions populaires. Ainsi Cicéron loue certaines divinations comme utiles : *Propter quæ*, dit-il , *datur homini ascensus in cœlum :* Voilà le terme fixe des efforts de l'homme , envahir le ciel. — *Bene verò , quòd Mens, Pietas, Virtus, Fides consecratur manu : quarum omnium Romæ dedicata publicè templa sunt, ut illa qui habeant (habent autem omnes boni) Deos ipsos in animis suis collocatos putent* (De Legib. II , XI). C'est pourquoi Epicure n'hésitait pas à sacrifier à ces dieux, auxquels il ne croyait pas. C'est pourquoi Platon , sur les traces de ses prédécesseurs , enveloppe sa philosophie dans tant de fables. C'est pour la même raison que Socrate et Zénon même faisaient grand cas de ces faussetés , qu'ils croyaient utiles ou nécessaires. C'était là certainement un témoignage de la nature , qui demandait de mille manières un secours vraiment divin ; c'était la chute d'Icare ; et cette chute des philosophes montrait que les théories philosophiques ne tenaient les hommes élevés au-dessus des superstitions populaires, qu'en vertu d'un grand effort, qui à la longue devenait insupportable , parce qu'il n'était pas naturel.

peut pas connaître la vérité. Serait-ce une révélation? Bien moins encore; pour vous il n'y a pas
de révélation; et, quand elle existerait, à quoi ser-
virait-elle, puisqu'on ne pourrait pas la démontrer?
Un besoin de la nature est tout le noble mobile que
vous proposez à l'homme; un sentiment intime et
mystérieux duquel l'homme ne peut se défendre, ou
contre lequel il ne peut lutter sans se rendre malheureux, frénétique, est tout le sublime motif
de croire à votre religion. L'homme, dans votre
système, n'est-il donc pas religieux uniquement
pour son propre avantage, c'est-à-dire pour échapper aux maux irrémédiables dont il est menacé s'il
n'obéit pas à un pareil instinct? Par-là, n'avez-
vous pas fait entrer dans le calcul de l'intérêt bien
entendu, jusqu'aux mouvements du cœur qui
échappent à tout calcul? Vous combattez donc
l'égoïsme partiel de nos jours par un égoïsme plus
raffiné, plus universel: toutes vos déclamations
contre cette vile passion se réduisent donc à l'attaquer parce qu'elle ne s'élargit pas assez, parce
qu'elle ne domine pas assez sur le monde; et vous
faites entrer dans le domaine de l'égoïsme la religion même, qui de sa nature en est plus éloignée.
Aussi la religion vous a échappé des mains à l'instant où vous avez voulu lui faire cette injuste violence, ne laissant en votre pouvoir que le son qui
forme son nom, et rien de plus : car la religion ne

peut pas devenir la proie de l'intérêt; et quand l'homme s'est fait lui-même le centre de l'univers, alors il en a banni Dieu pour toujours, et il a usurpé son trône (1).

(1) Aussi M. Constant, parlant du principe de l'intérêt, a la précaution d'y ajouter souvent l'épithète d'*immédiat*. En parlant de ces politiques qui considèrent la religion comme un moyen d'utilité publique, il s'exprime ainsi : « En lisant « leurs écrits on voit qu'ils veulent que la religion leur serve « tout de suite comme une espèce de gendarmerie, qu'elle « garantisse leurs propriétés, qu'elle assure leur vie, qu'elle « discipline leur jeunesse, qu'elle maintienne l'ordre dans « leur administration. On dirait qu'ils ont, en quelque sorte, « peur de croire pour rien. La religion doit leur payer en « services ce qu'ils accordent en croyance.

« Cette manière d'envisager la religion a plusieurs incon-« vénients. Comme en cherchant dans toutes les beautés de « la nature un usage *immédiat*, une application *directe* à « la vie commune, on gâte tout l'attrait de son aspect total ; « ainsi, en ne perdant jamais de vue que la religion doit être « utile, on la dégrade. Ce besoin d'*utilité immédiate* et pour « ainsi dire matérielle, est d'ailleurs le vice inhérent à notre « caractère national. » (*Liv. I*).

Par tout cela on voit que ce n'est pas le principe de l'in-térêt en général que combat Benjamin Constant, mais seu-lement le principe de l'intérêt *immédiat*. L'intérêt dans un sens plus large, il l'admet, cet intérêt qui naît précisément du plaisir que l'homme éprouve à suivre les penchants de sa nature. Cela est si vrai qu'en se faisant l'objection que « l'in-« térêt bien entendu invite à chercher la satisfaction inté-

De là il résulte que la religion de notre auteur ne saurait être une obligation morale. Comment pourrait être obligatoire une religion dépourvue de certitude et de vérité; une religion qui n'est qu'un amas d'opinions auxquelles on ajoute foi temporairement, non parce qu'elles sont vraies, mais uniquement pour apaiser en nous l'exigence d'un sentiment aveugle; une religion en un mot qui, dans sa notion, ne contient absolument rien de moral? Ces observations, Messieurs, ont d'autant plus de force contre notre auteur, qu'il se montre grand zélateur de la morale parmi les hommes; ses intentions paraissent morales, toutes ses paroles prennent une teinte morale. Qu'il me dise donc quelle autorité morale peut me faire une obligation de suivre le sentiment religieux qui naît de ma nature, et d'ajouter foi aux formes qu'il produit? Cette autorité serait-elle par hasard M. Constant lui-même, l'au-

« rieure que procure au milieu de l'infortune l'accomplisse-
« ment courageux de son devoir, » il répond : « Mais ne sen-
« tez-vous pas qu'avec ces mots vous revenez à ces émotions
« involontaires qui vous transportent dans un autre ordre
« d'idées ? » Ce qui revient à dire qu'il faut s'abandonner à
un sentiment étranger à l'intérêt, précisément parce que
c'est là la manière de trouver son intérêt. Donc au fond il
subordonne à l'utilité, sans s'en apercevoir, le désintéressement même qu'il recommande avec tant de zèle.

teur du système? Je ne crois pas qu'en sa qualité de *libéral* il porte ses prétentions si loin. Je ne vois donc d'autre autorité que mon sentiment même, et ce sentiment est ma propriété; donc je puis en faire ce que je veux. La sanction naturelle du malheur que je subirai en lui résistant, est une force physique et non morale; elle me contraindra tout au plus comme les autres instincts, mais elle ne m'obligera pas moralement. Si je suis malheureux, je ne serai pas coupable; une nécessité n'est pas une loi, un fait n'est pas un devoir. Certes, je ne dois rendre compte à personne qu'à moi-même de cette religion bizarre; et ne suis-je pas le maître de mes affections? Dieu ou les Dieux, que sont-ils autre chose que des formes que prend mon instinct, et qui le suivent et ne le précèdent pas? Or de pareilles divinités peuvent-elles m'imposer une loi quelconque? Où est donc ici l'élément moral, la loi, l'obligation? Toute moralité est reléguée avec la religion dans l'empire des chimères; elle y reste exilée pour toujours, et avec elle la noblesse de l'homme, et avant tout la vérité : car toutes ces choses sont devenues des chimères depuis qu'on a déclaré que toutes ces choses ne sont que des rêves de l'imagination.

Mais non-seulement la religion de B. Constant est dépourvue de morale, elle est de plus essentiellement immorale. Je dois ajouter foi, selon lui, à ces dogmes dont a besoin un sentiment aveugle, dénué de raison; je dois respecter toutes les formes dont ce sentiment se revêt successivement; et je sais en même temps, si je suis bien instruit de la doctrine de notre auteur, je sais que ces formes, que ces dogmes seront changés, seront reconnus comme défectueux et faux dans un autre temps par des hommes qui en sauront plus que moi, ou que du moins le sentiment religieux de l'humanité sera perfectionné, parce que sa perfection va toujours en avant et ne retourne jamais en arrière. Or ne serait-ce pas une obligation bien nouvelle et bien singulière, que celle qui commanderait une si honteuse immoralité? car quelle immoralité plus dégoûtante que de fabriquer un culte dont on connaît d'avance les défauts et la fausseté?

Dira-t-on peut-être que la doctrine de notre auteur est une de ces doctrines mystérieuses qui doivent être confiées à une caste privilégiée de libéraux (1)?

(1) Il faut observer que c'est à la classe des philosophes, que notre auteur confie la charge d'attaquer et de briser (cependant toujours avec respect) les anciennes formes religieuses. Mais ces philosophes formés à son école ne peuvent avoir aucune conviction de la vérité des formes religieuses qu'ils brisent, ni de celles qu'ils substituent. Par conséquent ils renversent une idole, pour en élever une autre : tel est l'unique office qui reste à la philosophie de notre auteur! (*V. Liv. 1*).

Mais si les hommes commencent par être convaincus que les dogmes, les croyances, les pratiques, c'est-à-dire toutes les *formes religieuses* dans le langage de notre auteur, doivent être un jour trouvées défectueuses et fausses, et que d'autres doivent prendre leur place; je ne sais comment ils pourront avoir pour toutes ces choses un respect sincère, comment ils pourront en être de fidèles gardiens, comment ils pourront être de vrais croyants, en un mot comment ils pourront avoir une religion; puisque la religion ne peut ni exister ni se concevoir sans dogmes, sans croyances, sans pratiques religieuses. J'admire, il est vrai, le respect que notre auteur déclare professer pour toutes les formes religieuses, païennes, mahométanes, chrétiennes, que l'homme *s'est créées*, et le zèle avec lequel il se déchaîne contre les philosophes qui les profanent; mais je l'admire comme un prodige monstrueux, comme une énergie vraiment incroyable de la volonté qui commande le respect pour ce que l'intelligence ne croit pas, que l'intelligence au contraire déclare des chimères, des rêves utiles et nécessaires, mais dépourvus de toute noblesse, parce qu'ils sont dépourvus de toute vérité (1).

(1) Benjamin Constant dépeint quelquefois le sentiment religieux comme une espèce de songe; et dans son langage, suivre ce sentiment, c'est rêver. « En nous étudiant bien

Notre auteur nous dit que le sentiment qui engendre en nous la religion, est un fait primitif dont on ne peut pas chercher la raison ultérieure. C'est là, Messieurs, une de ces bornes que le libéralisme

« nous-mêmes, dans ces heures si courtes et si peu sem-
« blables à tout le reste de notre existence, nous trouvons
« qu'à l'instant où nous sortons de *cette rêverie*, nous nous
« sentons comme descendre d'un lieu élevé dans une atmos-
« phère plus dense et moins pure; et nous avons besoin de
« nous faire violence pour reprendre ce que nous appelons
« la réalité. » (*Liv. I. c.* 1). Il ne voit pas comment la religion perdrait son prix, quoiqu'elle serait une illusion :
« En supposant, dit-il, que le sentiment religieux, les es-
« pérances religieuses, l'enthousiasme qu'ils inspirent, fus-
« sent de *vaines illusions*, ce serait encore des illusions
« particulières à l'homme; ces illusions le distingueraient
« du reste des êtres vivants. » (*Liv. I,* ç. 1).

Ainsi en s'abstenant de rien prononcer sur la vérité ou la faussetté des objets religieux, et en paraissant attacher peu d'importance à cette recherche, Benjamin Constant fournit un motif légitime de l'accuser d'un vice auquel il ne pense point, je veux dire de *superstition*. Est-il possible ? M. Constant superstitieux ! j'ose l'affirmer sans hésiter, et je demande à tous les hommes impartiaux si je me rends coupable d'injustice à son égard. La superstition consiste à respecter et à vénérer des objets religieux, qui ne sont pas réels, mais chimériques. Or, en combien d'endroits de son ouvrage M. Constant ne déclare-t-il pas qu'il vénère toutes les croyances sans distinction, bien qu'elles soient contradictoires entre elles ? en combien d'endroits n'exprime-t-il pas

scientifique de notre auteur met au savoir humain ; car cette espèce de libéralisme a aussi ses entraves, ses prohibitions. Cependant ce sentiment dépourvu de raison est par conséquent dépourvu aussi d'une règle qui dirige sa marche, ses mouvements, ses développements. Un sentiment dépourvu de règle est une passion, une passion aveugle, effrénée ; c'est une fureur : il ira jusqu'où il pourra, l'excès sera sa perfection et son terme naturel.

ce qu'il appelle un juste respect pour les dieux du paganisme, en affirmant que tout ce qui est religieux mérite respect ; sans faire aucune distinction entre la religion et la superstition ? Que l'on considère les deux passages suivants, et que l'on dise si je mens. « Nous n'avons déclaré la guerre à aucun « dogme ; nous n'avons attaqué la divinité d'aucune croyance « entourée de la vénération publique. Mais nous avons pensé « que l'on peut laisser de côté *avec respect* (puisque tout ce « qui touche la religion mérite respect) des questions épi- « neuses, et partir d'un fait évident.—Cette neutralité pourra « servir à conserver plus long-temps des formes religieuses, « auxquelles l'habitude ou la conviction ont attaché une *juste* « *importance.* » (Liv. I). Si ce respect pour tout ce qui est religieux, si ce désir que des formes religieuses, quelles qu'elles soient, prolongent leur existence, si cette juste importance de l'habitude, ne sont pas autant de mensonges, il faut bien dire que c'est là le langage d'un homme superstitieux à l'excès. D'ailleurs celui qui doute de tout, doit tout respecter ; c'est pourquoi le sceptique montre fort souvent des sentiments superstitieux. C'est ainsi que l'incrédulité s'unit toujours étroitement à la superstition.

Notre auteur a vu dans le sentiment religieux tout ce que l'homme a de noble et d'élevé, il a cru que ce sentiment consiste essentiellement dans le désin-téressement; puis il a soustrait ce sentiment à toute espèce de règle, il l'a fait indépendant de la raison (1) : d'où il résulte que la noblesse de ce senti-

(1) Le mot *sentiment religieux* dans l'ouvrage de Benjamin Constant n'a pas une signification constante et uniforme; il s'en sert pour exprimer tout ce qui lui convient. Les significations principales qu'il lui attribue sont au nombre de trois : ce mot signifie 1° un instinct créateur de toutes les religions, 2° une pure abstraction mentale, 3° une pure faculté de recevoir les révélations religieuses. Mais de ces trois significations celle qui domine dans tous les raisonnements c'est la première, et c'est précisément celle que nous combattons. S'il se présente à notre auteur quelque difficulté insoluble en prenant le *sentiment religieux* dans le premier sens, il a recours au second. Voici comment il nous le présente alors sous la forme d'une pure abstraction. « On nous dira : com-« ment nous faire l'idée d'un sentiment religieux indépen-« damment des formes qu'il revêt? Nous ne pouvons cer-« tainement pas nous la faire en réalité ; mais en descendant « au fond de notre âme, nous croyons qu'il est possible « de la concevoir par la pensée. » (*Liv. I*). Ici le sentiment est devenu une production de la pensée, et par conséquent une pure abstraction. Lorsqu'il est encore plus pressé par les objections, il le réduit à une simple faculté passive, comme dans le passage suivant : « Plus l'homme est convaincu que « la religion nous a été révélée par des voies surnaturelles , « plus il doit accorder que nous avons la faculté d'admettre

ment croît à proportion de sa chaleur et de son intensité. Par-là, il a ouvert la porte à un enthousiasme aveugle; et en conséquence tout ce qui va à l'excès sur cette ligne, est ce qu'il y a de plus excellent. Selon ces principes, l'amour pur de Fénélon devait être considéré par notre auteur comme une forme meilleure que tentait de prendre le sentiment religieux, si elle n'avait pas été arrêtée dès ses premiers pas par l'intrigue sacerdotale (1). Il est certain qu'il devait parler ainsi; puisque, d'après son système, il était dispensé d'examiner si ce qu'il croyait un effet du sentiment religieux était conforme à la raison. Leibnitz, qui soumettait la doctrine de l'évêque de Cambrai à l'examen de la raison, la trouvait non-seulement déraisonnable, mais encore impossible, et il la réfutait de la même manière qu'on la réfutait à Rome: car le système qui donne tout au désintéressement paraît d'abord,

---

« en nous ces communications merveilleuses. C'est cette faculté que nous appelons le sentiment religieux. » (*Liv. I*). Mais qui lui contestera, en ce sens, l'existence du sentiment religieux? Qui a jamais nié l'existence d'une pareille faculté? ou croit-il avoir fait une découverte? Pense-t-il que le monde entier est assez sot, pour croire d'un côté qu'il a reçu une révélation, et pour nier de l'autre la faculté de la recevoir? — Or, si nous retenons toujours cette signification, tous les raisonnements de l'auteur tombent d'eux-mêmes.

7

il est vrai, ennoblir notre nature; mais, en réalité, il la détruit en lui ôtant un des éléments qui lui sont essentiels, c'est-à-dire la tendance au bonheur. Ainsi le christianisme, à la différence du système de notre auteur, ne reconnaît pas de sentiments plus nobles que ceux qui sont inspirés par la raison; et lorsque le sentiment se soustrait à ce guide, alors il perd à nos yeux toute sa noblesse, parce qu'il devient désordonné : c'est le propre de la raison chrétienne d'accompagner toujours le sentiment dans ses élans les plus sublimes, et de ne le laisser jamais seul et privé de sa lumière.

Mais il y a encore plus, si plus il peut y avoir. Le sentiment, tel qu'il est décrit par notre auteur, non-seulement est aveugle, et par conséquent engendre les croyances folles, les passions effrénées, les actions fanatiques; mais il est encore intrinsèquement absurde, essentiellement impossible. Ne croyez pas que je manque de respect pour notre auteur en avançant de semblables propositions; veuillez plutôt apprécier le regret que j'éprouve de me trouver dans une position telle, que je dois garder le silence sur le livre de M. Constant, ou, si j'en parle, je dois en dire des choses qui, loin d'honorer le cœur et l'esprit d'un auteur, prouvent plutôt quelle est la puissance terrible du préjugé, et montrent comment le préjugé aveugle et abrutit un homme de talent. En effet, voyez si je ne disais pas vrai en affirmant que B. Constant fonde tous ses raisonnements sur un sentiment religieux qui est absurde dans le fond de son être, et dont par conséquent l'existence non-seulement n'est pas démontrée, mais est absolument impossible. Ce sentiment, tel qu'il nous le dépeint, est la source des dogmes et des croyances religieuses, qui sont les formes qu'il prend en se manifestant. Donc, avant lui, les croyances n'existent pas. Or cela précisément renferme une absurdité. Je dis qu'il est impossible d'imaginer l'existence d'un sentiment religieux dans l'homme, sans supposer auparavant dans son esprit quelque croyance conçue clairement ou d'une manière obscure, laquelle produise ce sentiment et détermine sa manière d'être. Car, que peut être un sentiment qui n'a aucun objet particulier et précis, ni même général et confus (1)? Le sentiment ne

(1) Cela est si absurde, que notre auteur le contredit lui-même en plusieurs endroits. « Le sentiment religieux, dit-il, « naît du besoin que l'homme éprouve de se mettre en com- « munication avec les puissances invisibles. —La forme naît « du besoin de rendre réguliers et permanents les moyens « de communication qu'il croit avoir trouvés. » (*Liv. I*). Donc l'homme connaît ou croit, avant que ce sentiment naisse en lui, l'existence des puissances invisibles : l'homme croit encore à la possibilité d'une communication avec ces puissances. Il y a donc des idées religieuses avant le sentiment

peut pas être *religieux*, si un objet religieux ne l'excite et ne le produit en nous. Le sentiment religieux n'est donc pas le principe de la religion ; mais il faut qu'il soit précédé de quelque croyance religieuse, et par conséquent de quelque notion de l'esprit, qui donne naissance au sentiment lui-même.

La religion, suivant sa notion la plus générale, est la **communication** de l'homme avec Dieu, c'est-à-dire avec un être immensément grand, capable de suppléer à la faiblesse humaine ; en sorte que l'homme, par la grâce et la puissance de cet être qu'il adore, puisse satisfaire le désir d'une félicité complète qu'il porte constamment dans son sein. Or, soit que l'on admette cette définition, soit que l'on cherche une formule encore plus générale, si elle existe, je dis qu'il est toujours nécessaire d'arriver

religieux. De plus, il est manifeste que notre auteur fait du sentiment une faculté raisonnante. Après avoir maltraité la raison, et l'avoir réduite au néant, il est contraint d'attribuer au sentiment les fonctions de la raison, sans lesquelles l'homme ne peut pas subsister. C'est une erreur commune à la philosophie sensualiste, que Benjamin Constant doit à l'influence de son siècle. Cette philosophie accorde le raisonnement aux *sens* avec une absurdité semblable à celle du système qui donnerait aux oreilles la faculté de voir, et au palais celle d'entendre. On n'a pas voulu reconnaître l'existence de la raison, et cependant on ne pouvait pas la nier : il a donc fallu la *sensualiser*, la matérialiser.

enfin à ce qui forme l'essence même de la religion, dont on ne peut jamais faire abstraction dès que l'on parle de matière religieuse ; puisque, sans cette essence, on ne peut rien concevoir de religieux : par conséquent, l'idée de cette essence va avant tout ; et avant elle, il n'y a dans l'homme ou pour l'homme ni religion ni rien de religieux. Il faut donc que dans toutes les religions il y ait une croyance fixe, immuable, fondamentale ; une idée sans laquelle toute religion est impossible ; et par conséquent il n'est pas vrai que le sentiment religieux soit la seule chose qui ne change point dans les religions ; il n'est pas vrai que tous les dogmes, toutes les croyances, qu'il appelle improprement les formes du sentiment, doivent toujours changer, toujours s'altérer, être dans un progrès continuel.

Or, en partant de ce point lumineux et incontestable, qu'avant tout sentiment religieux il doit y avoir dans l'esprit humain au moins quelque idée d'une divinité qui forme l'objet ou le terme de ce sentiment, on pourrait conduire bien loin la discussion, et il serait aisé de conclure de là toutes les conditions sans lesquelles le sentiment religieux ne peut pas exister : car l'homme n'a pas de sentiment *intellectuel*, si auparavant il ne perçoit au moins d'une manière obscure ; et par conséquent la notion va la première, le sentiment vient ensuite, et l'opération vient la dernière. Mais notre plan ne nous permet pas de longs développements. Nous dirons seulement que si la croyance d'une divinité est nécessaire à la religion, comme dogme fondamental qui constitue l'essence même de la religion, il est évident que de ce dogme doivent découler plusieurs autres dogmes, plusieurs autres croyances, et même plusieurs pratiques également invariables. D'où je conclus que plusieurs *formes* religieuses, pour me servir du langage de notre auteur, doivent être immuables, parce qu'elles appartiennent à l'essence même de la religion.

En effet, quelque imparfaites que soient les idées que les hommes se forment de la Divinité, ils doivent toutefois convenir en ceci, que la notion de la Divinité renferme l'idée d'un être dont la puissance surpasse prodigieusement celle de l'homme, et dont la bonté est si grande que l'homme trouve dans sa possession l'accomplissement de tous ses désirs (1).

____

(1) Selon la notion commune, Dieu est ce grand être, au-delà duquel l'esprit ne trouve rien où l'homme puisse se reposer pleinement et satisfaire tous ses désirs. Cette notion renferme l'idée d'un être prodigieusement grand, c'est-à-dire d'autant plus grand et plus puissant que l'homme, que celui-ci ne peut pas mesurer cet excès de puissance, mais que toutefois il en a une idée vague et indéterminée, comme l'est toujours l'idée d'une puissance non mesurée. De là vient que

Il y a donc deux points fixes dans la religion, Dieu et l'homme: donc il y a une relation fixe et immuable entre ces deux êtres; et cette relation invariable, c'est la religion prise dans sa signification la plus étendue: donc il y a un grand nombre d'idées religieuses qui précèdent tout sentiment, et qui sont les causes génératrices de tous les sentiments.

Il est vrai que l'homme pourra polir et perfectionner successivement sa manière de penser sur

tout ce qui se présente à l'homme avec une puissance indéfinie et qui échappe à la mesure, il l'appelle *dieu*, passant aisément de l'idée du non mesuré à celle de l'infini. Ceci explique comment l'homme a pu concevoir une pluralité de dieux. Plusieurs êtres se sont présentés à l'homme borné, lesquels étaient doués à ses yeux de forces immensément grandes, c'est-à-dire telles qu'elles échappent à sa mesure; et ces êtres sont d'autant plus nombreux, que les facultés de l'homme sont moins développées et moins cultivées, et que par conséquent l'homme est moins capable de mesurer la grandeur des êtres. Or l'homme a pu aisément supposer dans tous ces êtres le divin, c'est-à-dire l'infini. Mais quand il commence à réfléchir sur ses idées, et qu'il les soumet à un examen subtil, alors il s'aperçoit que l'indéfini, le non mesuré n'est pas l'*infini*; et en conséquence il s'aperçoit que ce dont il ne voit pas la limite n'est pas encore nécessairement le dernier être, l'*absolu* qu'il cherche: alors il trouve finalement que le dernier être ne peut être qu'absolument *infini*, et par conséquent qu'il ne peut y avoir qu'un seul

la Divinité, s'il se trouve dans des circonstances favorables qui secondent son travail; mais ce fait même dont B. Constant fait un si grand usage, est une preuve irréfragable qui renverse et anéantit son système.

Cette assertion paraîtra bien hardie, mais elle

Dieu, parce que le véritable *infini* est unique. C'est là le progrès logique des idées concernant la Divinité. D'où il résulte que la notion première est celle de *l'absolu* ; mais en appliquant cette notion, l'homme tombe facilement dans l'erreur de la pluralité des dieux, parce qu'il n'a pas encore bien saisi le rapport qui existe entre la notion de *l'absolu* et cet être auquel il applique arbitrairement cette notion ; il n'a pas observé que *l'absolu* ne peut être qu'un véritable *infini* : faute de cette observation, il prend facilement pour autant d'absolus toutes les formes extrêmement grandes dont il ne parvient pas à calculer le degré ou la sphère d'activité, et qui restent indéterminées dans son imagination. C'est ce que Cicéron effleure dans le Liv. II *de Nat. Deor.*, cap. 23. *Tum autem res ipsa, in quâ vis inest major aliqua, sic appellatur, ut ea ipsa vis nominetur Deus, ut Fides, Mens, etc.* — Et encore : *Quarum omnium rerum quia vis erat tanta, ut sine Deo regi non posset, ipsa res deorum nomen obtinuit. Quo ex genere Cupidinis et Voluptatis, et Lubentinæ Veneris nomina consecrata sunt.* — Et ailleurs : *Multæ autem aliæ naturæ deorum ex magnis beneficiis eorum, non sine causâ et à Græciæ sapientibus, et à majoribus nostris constitutæ nominatæque sunt. Quidquid enim magnam utilitatem generi afferret humano, id non sine divinâ bonitate erga homines fieri arbitrabantur.*

n'en est pas moins évidente : la perfectibilité des
idées religieuses, si chère à M. Constant, devient
impossible dans son système. Il suffit de considérer que les hommes ne pourraient nullement perfectionner la religion ou leurs idées concernant la
religion, si, avant tout, ils n'avaient dans leur esprit une première notion qui leur servît de règle
pour examiner si ces qualités et ces attributs qu'ils
donnent à la Divinité par une opération su-
bite de l'imagination, et auxquels ils conforment
leurs cultes, s'accordent réellement avec la vraie
notion de cette Divinité, ou s'ils lui sont contraires,
et en conséquence, si elle les repousse comme in-
dignes de Dieu et en réclame d'autres comme fon-
dés sur l'idée même de Dieu. C'est donc une notion stable et primitive de l'esprit qui est la règle
d'après laquelle l'homme doit rectifier ses propres
erreurs concernant la Divinité ; c'est cette lumière
de la raison, et non un sentiment aveugle, qui est le
germe de toutes les croyances qui ont Dieu pour
objet ; c'est elle qui doit redresser et réformer ces
croyances ; c'est elle seule qui rend possible la
perfectibilité même des *opinions religieuses*, sur
laquelle (en lui donnant trop d'étendue) notre auteur bâtit son système étrange et contradic-
toire.

Oui, c'est au moyen de cette notion pure (1) qui présente aux contemplations de l'esprit un être supérieur à tous les autres, un être absolu, dont la possession remplit et satisfait tous les désirs; c'est au moyen de cette notion que l'homme reconnaît ensuite que Dieu possède nécessairement l'infinité, l'unité, la toute-puissance, la sagesse, la justice et la bonté. Parvenu à toutes ces déductions spéciales tirées de la notion primitive, il y trouve tout autant de croyances aussi immuables que la première, qui les contenait toutes virtuellement dans son sein, et d'où elles sortent par des conséquences si nécessaires, que l'une ne peut pas subsister sans les autres. Toutes ces croyances sont des dogmes, toutes sont des formes inaltérables et éternelles, comme la vérité est éternelle; et, dès que l'homme les possède une fois, elles ne doivent plus changer, et ne peuvent plus nullement se perfectionner.

La vérité est parfaite, et non perfectible. Ainsi l'idée de la perfectibilité indéfinie de toutes choses, cette idée vague et confuse, telle qu'elle se présente à l'esprit de notre auteur, ne peut procéder que d'un système qui ne croit pas à la vérité. La

(1) Cette notion appartient à cette espèce de connaissance que nous appelons *directe*, et qui est toujours le criterium d'après lequel on doit vérifier la connaissance *réflexe*.

vérité est simple et immuable; une fois trouvée, elle peut seulement se conserver, et non s'altérer; elle est, ou elle n'est pas : il n'y a pás de milieu. En conséquence, si M. Constant voulait reconnaître quelque vérité certaine pour les hommes, il devrait aussitôt borner son système de la perfectibilité indéfinie dans la religion, et établir que tout ce qui est reconnu comme vrai, soit dans la religion, soit dans les autres parties des connaissances humaines, ne doit plus être changé ni perfectionné, mais doit être seulement conservé (1).

Mais en s'attachant à l'opinion contraire, que la vérité de peut jamais être connue avec certitude, il s'enfonce malheureusement dans le labyrinthe des sceptiques, et il s'y perd avec son système. Son système tombe de lui-même, puisqu'un sceptique ne peut pas avoir de système: là où l'on admet

---

(1) C'est là la raison de l'immutabilité du catholicisme. Après de grandes discussions d'érudition, les protestants mêmes sont parvenus à se convaincre et à avouer que la religion catholique est celle, ni plus ni moins, des premiers siècles de l'Eglise. Ils viennent donc à nous : non, c'est précisément pour cela qu'ils la rejettent aujourd'hui ! Voyez l'ouvrage récent de Th. Moore, sur les différentes sectes chrétiennes, où l'auteur produit les témoignages des protestants modernes sur l'identité des doctrines catholiques avec celles des premiers siècles de l'Eglise.

que l'on ne peut pas connaître la vérité, il n'est point de doctrine qui puisse exiger de nous la moindre adhésion. D'un autre côté, ce philosophe qui prêche avec tant d'ardeur le besoin essentiel et impérieux de la religion, comment peut-il ignorer le besoin aussi essentiel et aussi impérieux de la vérité ? *La nature,* disait Cicéron, *a placé dans nos âmes un désir insatiable de voir la vérité* (1) : c'est là un désir que l'on a senti et connu dans tous les temps.

C'est le besoin de connaître la vérité qui est la vraie source des plus nobles efforts de l'homme : il n'y aurait point en nous le besoin de la religion, ni

(1) *Naturâ inest mentibus nostris insatiabilis quædam cupiditas viri videndi* (Tusc. I, XIX). —Constant lui-même est forcé de le reconnaître. Au sujet de cette logique, dont il affirmait en d'autres endroits qu'elle est également propre à démontrer et à ruiner une proposition quelconque, il lui est échappé de dire : « Ce n'est pas une fantaisie chez les « peuples que d'être dévots ou irréligieux ; la logique est un « besoin de l'esprit, comme la religion est un besoin de l'âme. « On ne doute point, parce qu'on veut douter ; comme on « ne croit point, parce qu'on voudrait croire. » (*Liv. I, c. 2*). Quand nous voyons de pareils aveux arrachés aux sceptiques, malgré les vastes systèmes qu'ils bâtissent sur le scepticisme, et que, je ne sais comment, ils oublient alors complètement, je ne puis m'empêcher de leur appliquer le mot du poète :

Naturam expellas furcâ, tamen usquè recurret.

celui de la vertu, si, avant tout, il n'y avait en nous le besoin de la vérité.

Enfin si, comme nous le disions, il y a une notion de la Divinité fixe et immuable, de laquelle procèdent toutes les autres vérités que l'on peut connaître concernant l'Etre divin, et qui doivent être également immuables; si la nature humaine, qui est l'autre terme de la religion, toujours la même dans son essence, ne change que dans ce qui lui est accidentel; il faut, de toute nécessité, conclure que la relation entre cette nature et la Divinité doit aussi avoir des formes qui soient immuables dans leur essence, et qui n'admettent de changement que dans ce qu'elles ont d'accidentel, et qui provient non du fond constant de la nature humaine, mais de ses accidents, ou de cette partie des connaissances qui ne sont pas encore déduites ou constatées concernant la Divinité.

La nature de l'homme, par exemple, est double, composée d'un corps et d'une âme; le culte que l'homme rend à la Divinité devra donc éternellement être double; et en effet il a été double dans tous les temps et dans tous les lieux, c'est-à-dire qu'il a été intérieur et extérieur: voilà de l'immutabilité dans les formes.

Les besoins de l'âme ne sont pas ceux du corps: l'homme recourra donc à la Divinité pour en recevoir deux espèces de biens, ceux de l'âme et ceux du corps. L'âme, comme nous le disions, a besoin de la vérité; l'âme a besoin du calme et de la conscience d'une certaine excellence : la religion devra toujours être dirigée vers toutes ces choses, parce que la nature humaine tend essentiellement vers toutes ces choses. Par conséquent, toutes ces relations et ces formes de la religion devront être immuables, comme le sont les propriétés essentielles de la nature humaine; et l'histoire de toutes les religions confirme cette vérité.

Le corps a besoin de nourriture; tout ce que le corps peut désirer, c'est la prolongation et la plénitude de la vie, l'immortalité : il sera impossible que l'homme ne cherche pas à obtenir ces choses par le moyen de la religion, et qu'il ne désire pas une nourriture qui ait quelque chose d'incorruptible et de divin, qu'il ne demande pas au Ciel d'être préservé de la mort. Toutes les bornes essentielles de l'homme, tant dans l'âme que dans le corps, mettent donc des formes immuables dans la religion.

Le besoin de la justice est plus puissant que celui de la vie; et, pour recouvrer cette justice, pour apaiser la Divinité irritée, la nature immuable des choses suggère à l'homme les macérations, les sacrifices, et jusqu'au sacrifice de la vie : voilà encore des formes constantes et immuables, et qui en conséquence ont paru dans toutes les religions.

Ainsi la religion *a de fait* des dogmes, des croyances, des pratiques et des cérémonies, c'est-à-dire des formes dans le sens de notre auteur, immuables dans leur essence. Si l'on ne supposait pas l'immutabilité dans quelques-unes de ces choses, la notion même de la religion, la relation de l'homme avec Dieu serait détruite.

De plus, la religion non-seulement a eu de fait, mais elle *doit* avoir nécessairement des formes immuables : c'est une conséquence de tout ce que nous venons de dire (1). Car toutes ces formes qui sont vraies en elles-mêmes, quoiqu'elles puissent être changées par l'ignorance et la faiblesse humaines, toutefois elles ne doivent plus changer : car elles ne sont plus perfectibles, mais elles sont déjà parfaites, puisqu'il n'y a rien de plus parfait que la vérité.

Concluons, Messieurs, et résumons cette discussion déjà trop longue.

L'auteur dont nous parlons n'a pas proposé une

______

(1) Un autre aveu échappé à la bouche de notre auteur, c'est la stabilité de la vérité, de cette vérité qu'il affirme en tant d'autres endroits ne pouvoir être trouvée avec certitude, tandis que toutes les croyances sur la terre subissent des changements continuels. Il dit : « Les systèmes sont des instru- « ments à l'aide desquels l'homme découvre des vérités de « détail, tout en se trompant sur l'ensemble ; et quand les « systèmes ont passé, les vérités demeurent. » (*Liv. I*, c. 6).

solution satisfaisante du fameux problême, *comment l'homme peut se rendre grand et heureux par lui-même indépendamment de Dieu.*

Il a expliqué tant bien que mal le fait du besoin absolu que l'homme a de la Divinité; mais ensuite il a cru pouvoir satisfaire à ce besoin si impérieux en lui jetant, comme un gâteau dans la gueule de Cerbère, une divinité apparente et mensongère, ou du moins douteuse : car ce qui est *subjectif* pour l'homme ne peut être qu'apparent, et ce qui est une émanation aveugle et fatale de sa nature ne peut être que mensonger.

Avec cette doctrine, il n'a pas présenté un expédient meilleur ni différent de celui auquel ont recouru jusqu'ici les hommes de tous les temps : les païens, en inventant des divinités matérielles; les philosophes, en divinisant leurs propres doctrines et en se divinisant eux-mêmes; les incrédules, en élevant aux honneurs divins leurs propres turpitudes; c'est-à-dire, en demandant toujours un secours et un appui à des êtres impuissants, et en cherchant à se persuader de leur force et de leur puissance; en s'adressant toujours à de fausses divinités, et en cherchant à se persuader de leur réalité. Mais ce dont l'homme a besoin, ce n'est pas de croire qu'il y a quelque divinité vraie ou fausse, certaine ou douteuse; c'est que cette divinité existe réellement, qu'elle aime et protège l'homme, que l'homme soit réellement en communication avec elle, et qu'il puisse en obtenir l'accomplissement de tous ses désirs : car l'imagination de la nourriture n'apaise pas la faim, et l'imagination de la source n'éteint pas la soif.

Ainsi notre auteur, loin de soulager la condition malheureuse de l'homme privé de Dieu, la rend au contraire plus triste et plus désolante.

Il dit : *Dieu est si nécessaire à l'homme, que l'homme ne peut exister sans Dieu; que l'homme, privé de Dieu, tombe dans la frénésie et le désespoir.* Ensuite il ajoute : *L'homme ne peut jamais trouver ce Dieu avec certitude : toutes les religions sont un produit de l'imagination, une émanation de la nature qui s'efforce de fabriquer des êtres qui l'élèvent au-dessus d'elle-même.* Donc l'homme ne sort jamais de lui-même, il ne sort jamais du cercle de ses illusions perpétuelles; il cherche le Créateur, et il trouve des chimères ses créatures! Essentiellement *subjectif*, il peut bien croire que le Dieu qu'il adore est vrai; mais finalement ce Dieu n'est qu'une forme que prend son sentiment, une forme variable et qui se dissipera à l'avenir, comme les fantômes de la nuit se dissipent à l'apparition du soleil! Quand cela serait vrai, le système de notre auteur serait encore un système barbare. Philosophie cruelle! pourquoi révéler aux hommes un si funeste secret ? pourquoi leur ouvrir les yeux à une si épouvantable lumière ? Lorsqu'une fois ils seront imbus de cette doctrine, leur sera-t-il possible de croire à l'existence d'une divinité? Il est impossible à l'homme d'ajouter foi à une divinité qu'il reconnaît comme sa propre créature, comme un avorton de son imagination, comme une chimère enfantée par sa propre nature essentiellement malheureuse. Cette nature sera condamnée par une pareille philosophie à une éternelle stérilité; elle ne produira plus rien de divin; resserrée dans le seul *positif*, dans l'intérêt le plus étroit et le plus matériel, elle répondra au philosophe qui se moque d'elle, parce qu'elle a renoncé à tous ses efforts les plus nobles, à tous ses sentiments les plus sublimes et les plus purs: *C'est vous qui me les avez rendus impossibles.*

En effet, les sentiments nobles et élevés ne sont plus possibles, pas même comme par calcul d'intérêt bien entendu (comme les peut seulement présenter le philosophe qui a renoncé à la vérité), dès l'instant qu'on n'y croit plus et que l'homme a été détrompé. Si la vérité est impossible à trouver, pourquoi vous fatiguez-vous tant à ôter à l'homme ces illusions qui l'empêchent, selon vous-même, de tomber dans le désespoir? Mais si ces illusions sont nécessaires, si ce sont des illusions, votre système, qui les déclare telles, est nécessairement ce qu'il peut y avoir de plus coupable, de plus horrible et de plus tyrannique, selon votre morale même; puisqu'en les déclarant des illusions nécessaires, il rend impossible à l'homme ce palliatif même momentané que vous reconnaissez qu'il retire de son imagination : en l'invitant à faire usage de ce soulagement dans ses maux, vous lui avez rendu impossible toute espèce de soulagement.

Cette philosophie dépouille l'homme de sa liberté, elle le soumet à une fatalité aveugle, elle éteint en lui l'activité jusque dans son germe, elle est la mort de toutes ses facultés, elle ne lui laisse pas même la croyance illusoire de sa liberté. Avec une pareille philosophie, plus de repos possible pour l'homme : il se débattra comme un désespéré jusqu'à ce que, ne pouvant plus supporter ce poids accablant, il rejette loin de lui ce système qui voudrait l'enfermer, avec des lois de fer, dans sa nature comme dans un enfer. Non, la nature humaine n'est pas si horrible; elle n'est pas un enfer où l'on ne puisse trouver Dieu, le Dieu vivant et véritable. Le Créateur n'a pas fait la nature humaine pour qu'elle fût soumise seulement à des lois physiques, mais il a voulu qu'elle obéît à des lois de vérité et d'amour; libre en même temps qu'il

est dirigé par des lois, l'homme peut choisir la vérité ou l'erreur, Dieu ou lui-même, le bien ou le
mal : il est fait pour la grandeur, pour la perfection, pour le bonheur; mais à condition toutefois qu'il ne cherchera point ces choses dans lui-
même : il est fait pour Dieu, mais à condition qu'il
écoutera son infaillible parole.

FIN.

www.ingramcontent.com/pod-product-compliance
Lightning Source LLC
LaVergne TN
LVHW020704200726
843508LV00002B/872